lish

高中英语教学
实践创新研究

陈向彩 / 著

辽宁人民出版社

©陈向彩　2025

图书在版编目(CIP)数据

高中英语教学实践创新研究 / 陈向彩著 . — 沈阳：
辽宁人民出版社, 2025.2

　ISBN 978-7-205-10865-6

　Ⅰ. ①高… Ⅱ. ①陈… Ⅲ. ①英语课—教学研究—高
中 Ⅳ. ①G633.412

中国国家版本馆CIP数据核字(2023)第185728号

出版发行 : 辽宁人民出版社

地址 : 沈阳市和平区十一纬路25号　邮编 : 11003

电话 : 024-23284321(邮　购)　024-23284324(发行部)

传真 : 024-23284191(发行部)　024-23284304(办公室)

http://www.lnpph.com.cn

印　　刷 : 辽宁一诺广告印务有限公司

幅面尺寸 : 170mm×240mm

印　　张 : 9.75

字　　数 : 150千字

出版时间 : 2025年2月第1版

印刷时间 : 2025年2月第1次印刷

责任编辑 : 张天恒　王晓筱

装帧设计 : 识途文化

责任校对 : 吴艳杰

书　　号 : ISBN 978-7-205-10865-6

定　　价 : 68.00元

前　言
PREFACE

　　英语作为一门世界性的语言和国际性的交流工具，在国际交往中发挥着重要的作用。随着经济全球化的深入发展，各个国家之间合作与交流活动日益密切，英语的学习越来越受到重视。社会生活的信息化和经济的全球化，更使英语的重要性日益突出。英语作为重要的信息载体之一，已成为人类生活各个领域中使用最广泛的语言，许多国家在基础教育发展战略中，都把英语教育作为公民素质教育的重要组成部分，并将其摆在突出的地位。

　　随着新课程改革的不断深入，对高中英语教学提出了更高的要求，要求教师在教学过程中不仅要关注学生相关英语知识的掌握，还要关注学生的英语学习能力和英语学习技能的提升，不断培养学生的英语语言素养，强化学生应用英语的综合能力。因此，教师要不断创新教学方法，改变传统的教学模式，有效结合现代教学理念和传统教学中的优势，加强课内外教学的有效衔接，构建动态化教学模式。在教学过程中应当树立以学生为主体的教学理念，正确地引导与帮助学生，提高学生课堂活动参与积极性，进而营造轻松愉悦的学习氛围，使学生在潜移默化中提高英语学习效率。

　　本书旨在探索高中英语教师应该具备的教学素养以及相应的教学实践。虽然英语教学已经逐渐受到人们的重视，但英语教学的方式方法还有待创新和提高。本书不仅介绍了高中教学改革的基础以及高中英语听说教学的策略，还全面分析了高中英语阅读与写作素养及其教学，同时对高中英语词汇和语法的课堂教学进行探索和创新。在综合上述理论后，本书针对性地提出了高中英语教学的实施办法，并在此基础上对高中英语课堂教学进行评价与反思指导，希望能对高中英语教学实践创新提供一些参考。

目　录
CONTENTS

第一章 高中教学改革基础

第一节 我国高中教育现状与发展基础条件分析

一、我国高中教育现状

（一）我国高中教育普及现状

1.高中招生规模基本稳定

当前，全国高中招生规模快速增长，总人数持续增加，且趋于稳定。对比不同区域高中招生数量，东部地区的高中招生数量一直都比中部与西部多。

2.高中在校生规模稳中有"别"

就当前高中在校生数量发展情况而言，高中在校生数量由快速增加到逐步稳定的阶段，普通高中在校生数量增长率也由正增长转向负增长。

从各地区的高中在校生数量来看，东部地区的在校生数量相对较多，虽然中部地区与西部地区人数略少，但是，西部地区的增长幅度较大，增速较快。

3.普通高中教育普及程度进一步提高

毛入学率是衡量某一学段普及程度的重要指标。在普及高中阶段教育政策的推动下，高中阶段的毛入学率快速增长。

4.高中男女学生比例大致相当

随着高中在校生数量的不断增长和国家实施男女平等政策的影响，普通高中的女生数量逐渐增加，男女比例逐渐平衡。

5.高中学生区域间分布差异较大

与高中区域分布情况一致，高中生也主要集中在城市和县镇，农村和城镇学生都有不同程度的减少，但是农村减速明显快于城镇。

（二）我国高中教师队伍发展现状

教师队伍建设是高中发展的一个关键因素。下面对当前高中的师资情况进行分析。

1.教师队伍逐渐壮大

随着高中教育的普及，高中教职工人数也逐渐增长，尤其是高中教师的增长较快。

2.高中教师队伍结构

随着国家对高中教师队伍的投入不断增加，高中教师的年龄结构逐渐稳定，我国高中教师进一步实现年轻化，高龄教师的比重进一步降低。

3.普通高中教师队伍整体素质稳步提高

随着免费师范生政策和"农村义务教育阶段学校教师特设岗位计划"，以及"农村学校教育硕士师资培养计划"的开展，高中专任教师的学历合格率逐渐提高。

（三）高中英语教学现状

当前高中英语教学现状具体表现为以下几点[①]。首先，教学观念陈旧。受传统教学理念的影响，高中英语教师教学多采用"灌输式"教学法，不断向学生输出内容，希望学生能熟记更多知识点。同时，还会采

---

①韩旭.基于学习活动观的高中英语教学现状及对策研究[D].延吉：延边大学，2021.

用题海战术让学生不断地去练习英语题目，为高考奠定良好基础。殊不知，这种做法不仅不会引发学生的学习兴趣，反而还会不断降低学生的学习积极性，导致学生不喜欢上英语课，听、说、读、写能力得不到有效提升。其次，忽视学生主体地位。基于素质教育背景下，学生是课堂的主体，教师起到的只是引导学生学习的辅助者作用。但当前大多数高中英语教师仍没有这个认知，仍以自我为中心，我教什么，学生学什么，并且在课上很少与学生进行互动，导致无法提升课堂教学效率。再次，忽视对学生交际能力的培养。英语是一门国际通用的语言学科，学习的目的就是为了使用它，并提高自身的社会生活质量。对此，帮助学生说一口流利的英语是高中英语教师的教学任务之一。但就当前高中英语教学情况来看，多数教师并没有深刻认识到培养学生交际能力的重要性，而是多停留在如何写、如何读上面，导致学生在面临真实情境时往往不知所措，英语素养不高。最后，实践教学缺乏情感。人是有感情的，如果教师只是为了教学而教学，忽视学生在课上的积极表现与内在心理活动，这对于学生英语学习与自信心的建立是非常不利的。由此，当前高中英语教学总体情况不容乐观。

二、我国高中教育发展基础条件分析

我国高中教育的发展尽管取得了许多成绩，积累了丰富的实践经验和成功案例，但存在的问题与面临的挑战也是严峻的，其中一些问题可能引发的后果是严重的，对此要有足够的认识，必须引起足够的重视，并应给予深入系统的研究。

当前，我国高中教育发展的基础条件具体如下：

（一）我国高中办学特色日益淡化

当前，我国高中同质化倾向严重，办学特色日益淡化。"同质化"是调查中各地校长提到频率很高的词，指因为高考、主管部门、家长、社会等的压力，其培养目标、办学形式、办学途径等，各校趋于一致，即一切以提高升学率为主办学。同质化主要体现在以下三点：

①在同质化影响下，学校因地、因人、因校制宜探索学校办学特色逐渐失去了动力。尽管各地一些传统名校或办学条件好的学校，仍有意识地保留或创造自己的办学特色，在课程改革、教材建设、学习方法改善、培养学生的综合能力等方面有过一些可贵的尝试，但这些创造对于多数普通学校，甚至是对那些没有被评为市级、区级重点学校的老校而言，任何脱离高考升学的探索都存在较大的风险。

②部分民办高中（如江苏的宿迁和无锡、湖南的长沙、湖北的武汉等地，民办高中不仅在数量上超过公办高中，办学条件和质量也接近当地最好水平）虽在办学特色方面做得比较突出，但由于缺少积极的评价引导和公平竞争的舆论及平台，其作用和影响并不明显。

③一些中西部地区的少数民族高中（包括在东、中部城市中的民族高中和大学预科）和在农村地区原先兼有职业教育培训内容的综合高中等学校，受到更多的压力和社会关注，所以，原本的办学理念和特色也被现实的冲击所动摇，以僵化的教学和学习方式追求升学率。

（二）我国高中教育经费结构和使用状况存在问题

从20世纪90年代开始，一方面，随着国家税费制度改革及对校企一体弊端的质疑，校办企业生存处境日益艰难，随后纷纷倒闭或与学校脱钩，与此同时，其他创收途径也逐渐被严格限制甚至取缔；另一方面，随着经济和教育改革的不断深入，高中学校的生均成本和招生人数成倍增加，其增长速度远远高于教育拨款增加的速度，正是这些原因导致学校教育经费空前紧张，矛盾异常尖锐。

在教育经费使用上，许多地方只重视硬件设施的建设，而忽视教师培训、课程建设及实验室、图书馆的改造；有的学校即使建成了一流的实验室、计算机教室及语音教室，但使用率较低，资金和设备长期不能发挥应有作用。同时，在建设标准上个别地方存在相互攀比的倾向，一些高档次的体育、艺术场馆不仅耗资巨大，而且建成后每年还需投入大量的维护费用。

针对上述问题，就需要政府切实加大教育经费的投入力度，确保公办学校的正常运转；对那些政府确实无法全部承担办学经费的地方和学校，则要科学测算出每所学校一年的运行总成本，而后合理划分政府财政投入和学校自筹各自应占的比例，属于政府投入部分的要足额投入，属于学校自筹部分的，政府要给出明确的政策。

要加强教育投资项目的调研与论证，学校基础设施建设应坚持适度、节约、有效和可持续发展的原则，要做到始终兼顾课程改革、教师培训等学校软环境建设。要适度控制学校发展的规模。一所学校的规模（班级数和班容量）究竟如何才算适度，目前部分学校盲目追求超大规模的做法是否可取，如何制定学校建设标准，对超标建设现象如何进行监管和控制，如何体现均衡和可持续发展原则，等等，这些问题要求人们进行认真调查研究以便为决策服务。

（三）我国农村高中两极分化明显

当前，农村高中已经成为农村教育发展最薄弱的环节，农村高中发展中出现的两极分化现象，也成为人们关注的焦点问题，下面以农村普通高中为例进行阐述。

1.农村高中规模较小

我国城市高中学校数量呈现逐年攀升的趋势，但农村地区高中学校数量却在逐步减少，农村地区普通高中在校生占整个普通高中学生的比例逐年下滑；由于学校校舍和师资短缺，农村地区普通高中大班现象十分普遍。

2.农村高中两极分化趋势明显

在同一区域内，农村普通高中与重点高中之间的差距明显，且有进一步拉大的趋势。

3.农村高中学生失学、辍学问题严重

一部分品学兼优的贫困家庭学生因得不到有效资助，不能进入普通高中就读；还有一部分成绩优秀的初中毕业生因家庭贫困不得不终止学业。

（四）我国高中新课程改革与评价改革不匹配

我国高中学校新的一轮课程改革已全面启动。随着课程改革的逐步落实，普通高中学校的教育定位、教育理念、培养目标、课程设置、教学用书、评价体系以及高考命题的方向等都将发生变革。在这次课程改革的过程中，所有的高中学校都在同一起跑线上。

新课程体现了人文精神，重视实践能力。高中教育的定位和培养目标是在九年义务教育基础上进一步提高国民素质，面向大众的基础教育，高中教育不应是为部分升大学的学生服务的一种教育，而是为学生的终生发展奠定基础。因此，各高中应关注新一轮的高中课程改革，抓住机遇，在教育理念、教学方法、教材研究、评价体系等方面积极地进行探索研究，关注课改动态；积极参与，慎重稳妥地开展各种课改实验。只有这样，各校才能在这一轮的课程改革过程中，掌握主动权，形成新的核心竞争力，谋求学校的生存与发展。

当前我国高中新课程改革与评价改革不配套主要表现在以下方面。

1.教师培训不足

教师培训的方式，当前多采用"层级式培训方式"，即省级教师接受国家级培训后回去给地区级教师实施培训，地区级教师接受培训后回去给县级教师实施培训。这种培训，信息衰减和扭曲比较大，其效果也不明显。

2.课程改革与评价改革不匹配

强势的高考分数依然是评价高中水平的唯一导向性指标，对高中办学的压力完全集中在高考方面，课程改革则受到实质上的冷落，改革的推进艰难。

3.高中课程与初中课程缺乏有机衔接

就高中课改本身而言，在课程教材、教法方法、考试评价等方面，与初中的衔接也还存在许多不吻合的地方。

（五）我国高中优质资源分布失衡

在高中阶段，各地高中学校间的差距比较明显，不仅存在东、中、西部之间的地区差异，在一个地区内，城市与乡村之间也有较为明显的差距。以县为考察单位，各县的"一中"大都是政府投入最多、条件最好的学校，教育界统称此为"县中"现象。当前，东部地区的浙江、江苏、广东等省，在县一级大多建有3～5所普通高中，很多地区也注意到这些高中需要均衡发展，力求使所有的高中逐渐达到标准高中的水平。但在其他广大地区，位于城市的高中与位于乡村的高中存在着极大的差距。位于乡村的高中不仅优秀的教师外流，还有出色的学生外流。

第二节　高中教育的课改目标与课程结构改革趋势分析

一、高中教育的课改目标

以普通高中为例，普通高中教育是基础教育的重要组成部分，它在整个国民教育体制中都占据重要的地位。普通高中教育也与高等教育相互衔接，对于学生接受大学教育也有着重要的影响。为了适应新时代要求，满足社会对人才发展的需要，就需要对高中教育进行改革，这是全世界面临的一个重要问题。下面就普通高中课程改革目标的必然趋势进行分析。

高中课程目标既反映了教育目的，也反映了人们对高中阶段的学校教育的性质的认识和定位。高中阶段的学校教育仍然属于基础教育，它的责任在于进一步提高学生的知识与技能水平，培养学生终生学习的能力，为学生进一步获取知识创造条件。因此，高中的教育教学活动要有助于学生培养积极参与和敢冒风险的精神，要帮助学生实现知识技能和道德情感的全面发展，要培养学生灵活处理各种信息的能力，要培养学生善于发现、探索新知识的能力等。就这个层面而言，高中教育要培养学生的创造精神和责任感，除此之外，还要发展学生社会交往及交流的能力。因此，高中课程改革目标下的改革呈现了以下趋势。[1]

(一) 超越教育工具化的倾向

高中课程改革目标强调超越教育工具化的倾向，高中教育要做好升学与就业的双重准备。从多年的改革实践活动中可以看到，高中课程越来越注重改变高中教育工具化，提倡把文化教育与职业训练结合起来，为学生的未来做好双重准备。

---

[1]范雪琴. 浅谈高中英语课堂教学改革的趋势[J]. 考试周刊，2017（5）：13.

（二）奠定高中生的基础能力

高中课程改革目标强调奠定高中生进一步学习的基础能力，培养其人生规划能力，培养公民基本素养并形成健全的人格。高中教育要以继续实施普通教育，培养健全公民，促进生涯发展并奠定研究学术及学习专门技能为目的。把高中教育放在人生发展的全过程进行思考，改变传统将高中教育当作教育的终结者的观点，为高中生的发展奠定基础学习能力，培养高中生的终生学习能力、生存能力、实践能力和创造能力。

（三）人文素养和科学素养

高中课程改革目标强调基础知识与技能，强调高中生人文素养和科学素养的统一和融合。高中教育仍然属于基础教育阶段，因此，知识与技能仍然是高中课程的一个重点内容。高中课程不仅要培养学生对科学的精神，还要培养学生的道德观、价值观和对社会的责任感和使命感。

二、高中教育课程结构的改革趋势

课程结构是课程体系的框架，主要规定了组成课程体系的学科门类，以及各学科课时的比例关系，必修课程与选修课程、分科课程与综合课程之间的分配等。一般而言，课程结构包括：①课程的知识构成，即课程想要传递的知识；②课程的形态结构，即课程想要传递的知识应该以怎样的形式传递；③课程的课时比例，即不同类型的课程形态在整个课程结构中的时间分配。关于高中教育课程结构的改革趋势，具体如下。

（一）课程知识结构改革

针对课程的知识结构，我国高中课程中划分的一些基本学习领域，它们高于学科课程，规定了高中生必须掌握的知识和技能，比较基础。通常，高中课程包括语言、数学、自然、社会、体育、艺术、科学和技术、公民教育等。语言学习包括汉语和外语，科学和技术学习包括物理、化学、生物等。这些都是高中生应该掌握的基本课程。

（二）课程形态结构改革

针对课程的形态结构，学校要设置必修课程和选修课程，方便学生可以根据自身的兴趣自由选择课程。高中课程的可选择性是现代我国高中课程结构改革的重要特征。通常，必修课程是"核心课程"。针对选修课程，我国提供了内容广博、数量众多的课程，既可以保证高中生可以获得基本的知识与技能，还可以满足学生的个性化需要。

普通高中课程的结构由学习领域、科目、模块三个层次构成。学习领域共八个，即语言与文学、数学、人文与社会、科学、技术、艺术、体育与健康、综合实践活动，而且除"综合实践活动"领域之外，其他领域都由相应的科目组成，每个科目制定相应的国家课程标准，以及规定有一定弹性范围的学分数，为全面实施学分制课程管理提供了平台。

（三）修习时间和课时分配改革

我国开始规定基本的学分数和毕业要求，对课程的修习时间和课时分配做出规定。学分制是反映学生在学校课程方面发展履历的一种课程管理制度，也是衡量学生在课程方面的经历和发展水平的一种课程评价制度。它以量化的分值方式，通过学分来记录学生在相应的课程领域的成长经历，以及所达到的发展程度。学分制的实施方式很多，考虑到我国教育资源有限、学校规模与班额较大、学制的相对稳定，以及高考、大学录取等的配套政策跟不上，比较稳妥的办法是采用学年学分制。普通高中学制为三年。

按照《普通高中课程方案（2017年版2020年修订）》的精神，根据我国高中已分普通高中、综合高中与职业高中的特点，没有必要再按毕业生的出路规定毕业要求。需要考虑的是，在普通高中范围内，为了满足学生多样化发展的需要，规定的学分底线应适当降低一点，给地方和学校，特别是学生个人留出空间。

第三节　高中教育的课程内容与课程管理改革

一、我国高中教育课程内容的改革

高中课程内容的改革主要体现在以下几个方面。

（一）强化外语能力方面

随着经济全球化的发展，外语能力成为高中生必须掌握的一门语言能力。语言是文化的载体，学习外语实际上也是为了培养高中生的国际意识和对多元文化的理解。

（二）关注科学技术的发展，强调高中生的学习与实际生活的联系

高中生的思维活动处于活跃时期，他们的兴趣也非常广泛。因此，高中课程改革应把课程内容与他们的实际生活联系起来。

（三）高中课程内容仍然重视学生基础学习能力的培养与提高

高中课程改革在课程管理方法上实施学分制管理，既规定了修读年限，还规定了修习学分的数量，这种学分制被称为学年学分制。学分制课程具有弹性化，为学生提供了多样化的课程，让高中生在选择课程方面有了更大的空间，这可以促进高中生的个性化发展。

二、我国高中教育课程内容与课程管理改革的注意事项

（一）我国高中课程改革的普遍化

我国高中教育要从"精英教育"转变为"大众主义"。我国高中教育在整个教育体制中都占据独特的地位，它是处于承上启下的"后期中等教育"阶段。它与"前期中等教育"与"高等教育"彼此衔接。我国普通高中教育是在九年义务教育基础上，为了进一步提高国民素质，帮助学生实现个性发展和终生学习的"基础教育"，在设置高中课程时，一定要注意这两个阶段的衔接。因为普通高中教育不仅是对九年义务教育课程的提高与深入，还要满足各类高等教育人才及社会职场对人才的需

求。因此，普通高中教育要从"精英教育"转变为"大众主义"，让每一名高中生都能接受普通文化素养的教育。

我国处于"应试教育"的教学模式中，实施的教育政策是"精英教育"，让高中成为大学的预科，很多高中生都要过高考这一关。这就造成大多数的学生为少数的尖子生陪读的局面，这就是由人们常说的高中"双重任务说"所造成的。随着我国高中教育改革开始实施"大众化"教育，就必须抛弃"精英教育"的模式，实现两者之间的转变。①

大众教育是认识丰富人性的教育方式；大众教育不是传统的少数人升学、多数人陪读的教育，而是人人都可以获得发展与成功的教育。

可以把大众教育改革总体趋势的特征概括为以下方面。

1.国家课程标准

国家课程标准不是为了"最大限度的控制"，而是"最小限度的控制"，地方与学校要有更大的课程自主权。

2.课程内容的选择

课程内容的选择不是"囊括"而是"精选"，要用"精选式"的价值取向代替"囊括式"的价值取向，改变传统的百科全书式的课程内容。

3.学历目标的定位

学历目标的定位用"以质取胜"代替"以量取胜"。

4.教学方式的取向

教学方式的取向要以学生为中心代替以教师为中心。

提高高中课程的选择性和对学生的适应性，是实现高中课程"大众主义"的重要内容。要想实现高中课程的选择性和多样性，就必须要为学生提供多样化的选修课程，这可以增大学生选择课程的自主权。同时，要对"高考定终身"的考试制度进行改革，实行新的考试评价制度，促进每一个学生的成长与发展。因此，高中课程改革并不只是简单的内容增减问题，而是要重新调整课程目标，重建课程结构，满足学生多样化的发展需求。

---

①韦欣辰，钟兰凤.高中英语课堂管理存在的问题和策略综述[J].海外英语，2022
(6)：175-177.

（二）我国高中课程改革的理性思考与设计

在进行高中课程设计时，要考虑以下问题。

1.课程目标的思考设计

课程目标的思考设计即我国高中应该具有怎样的课程目标。我国高中教育目的都是为了向大学输送优质的学生，这其实是一种不正确的观点。21世纪各国高中教育都面临着新的挑战，因此，我国高中课程目标要成为"面向全球"的"全球性教育目标"。例如：韩国有学者认为高中生应该"具有世界公民的意识与态度"；法国部分学者认为高中生应该成为"现代社会警醒的公民"等。因此，我国高中课程目标应该要为学生终生学习打下基础。

2.课程结构的思考设计

课程结构的思考设计即我国高中应该具有怎样的课程结构。我国高中学科中心主义的课程结构缺乏弹性与选择性，不能满足学生多样化的发展需求。我国普通高中学校中，虽然设置了很多选修课程，但是课程内容比较陈旧，这就需要高中课程改革追求基础性与多样性的结合，不仅关注学生共同的文化素养，还关注学生的个性化发展，让学生可以在得到基本的文化教育之后，能够实现自我发展，确立正确的人生观、世界观和价值观。

对于课程结构的思考设计，还需要突出特色化的专业学科，设计多样化的选修课程。例如，在瑞典，设置了自然科学、社会科学、电气、能源、商业与管理、手工艺等专业，这些专业是在核心课程的基础上设置的。

3.课程实施和管理的思考设计

课程实施和管理的思考设计即应该有怎样的课程实施和管理。很多国家都实行了学分制，我国高中课程管理也可以实行学分制。学分制是反映学生在学校课程方面发展履历的一种课程管理制度，也是衡量学生在课程方面的经历和发展水平的一种课程评价制度。它以量化的分值方式，通过学分来记录学生在相应的课程领域的成长历程，以及所达到的发展程度。学分制的实施方式很多，考虑到我国教育资源有限、学校规模与班额大、学制的相对稳定及高考、大学录取等配套政策跟不上，目前暂可采用学年学分制。

4.课程评价的思考设计

课程评价的思考设计即应该具有怎样的课程评价。在新课改下，人们应该追求评价内容与评价方式的多样化。不应该采用传统的标准化测验方式，而应针对学生在学习过程中采用多样化的评价方法。教师要观察并记录学生完成作业的整个过程，并且从广泛的背景中搜集信息，在多元智力的活动中评价学生的各个方面。

这种多元化的评价强调质性评价和量化评价，不仅要注重学生的智力，还要注重学生的其他心理因素；不仅要注重评价问题的结论，还要注重评价学生得出结论的过程。这种评价制度既注重学生的个性化发展，也倡导学生的合作学习。

总之，我国的高中课程改革要放在国际课程改革下进行，关于国际视野中的课程改革要体现在我国高中课程改革中。在高中改革中，要注重审视各国高中课程改革的实际情况，并且准确把握国际高中课程改革的发展趋势，这有助于我国更加理性地推进高中课程改革。

第四节　高中教育教学课改问题分析

当前，我国高中教育教学课改取得了一定的成果，但是仍存在一些问题，主要表现在以下五个方面。

一、高中教育教学课改模块化教学的问题

新课程结构由学习领域、科目、模块三个层次组成。模块是构成科目的基本单位，是实现课程多样化、保障学生对课程选择的前提和保

证。①模块教学在实施中存在一些突出问题，具体如下。

（一）部分学科教科书内容逻辑性较弱，存在断层的现象

各模块教科书的内容不衔接，教材内容的安排与设计各自为营，没有兼顾其他模块的教学进度。这种内容不衔接的现象突出表现在数学、物理、化学等学科中，导致教师在具体的教学过程中首先需要填补学生知识层的缺口，以及模块间的知识空隙，这就给教师教学带来较重的负担和压力。

（二）课标要求与学时安排的矛盾较为突出

表面上看，新教材呈现学习模块的教学内容似乎减少了，要求也降低了，但课后的练习难度大。高考的依据是课程标准而不是教材，学生的课业负担比课改前加重。例如：数学新教科书在旧教科书的基础上删减了一部分内容，却增加了算法、统计、积分等内容。英语教科书词汇量过大，而且教科书各章节的梯度偏大，对"听""说""读""写"的要求过高。

二、高中教育教学课改选修课程必修化

根据《普通高中课程方案（2017年版2020年修订）》，选修课共需28个学分，约占总学分的1/3。但实际开设的选修课模块非常多，仅选修课 I 就有100多个，再加上选修课 II 的模块（属于地方和校本教材），很大程度上超过必修课的模块数量。在教学中，部分教师已经出现将选修课当成负担的现象，有些学校甚至会为了高考将选修课变成必修课的延伸，出现了"选修课教学必修化"的问题。比如：教师在教学方式上依然以讲授式为主；课时更为紧缺，只能采取简单教学策略；学生缺乏深度探究，不能深入，也不能浅出；教学缺乏开放度，许多应该有的实验、实践未能落实，未能搭建起教学与社会、生活的桥梁等。

三、高中教育教学课改学分认定工作难度大

学分制淡化了考试的选拔与甄别功能，强化了基础性与过程性。学

---

①隋明君. 新课改背景下高中英语教学中的问题与对策分析[J]. 中学生英语，2021（12）：62.

分制认定的难点如下：①学分认定主体包括学生、同伴、家长、教师、学校等多主体，评价程序繁多，评价主体多元，环环相扣，环节过多。学分认定过程中的社会因素、人际因素干扰，不可避免地影响学分认定的公正性，难免造成学分认定的程序缩水，多元评价目标难以实现。②学生能否顺利通过模块学业水平考试，与教师的命题水平、命题意图紧密相关。③学科特点的差异、班生规模也导致学分认定工作程序的差异，每科任课教师所任教的课时数、班级数、学生数不一样，工作量差距较大。

四、高中教育教学课改学业水平测试有待完善

相关管理人员、教师反映学分认定与学业水平测试之间存在着矛盾的地方，认为当前实施的学业水平测试有悖于课程改革的基本精神。因为在学分认定的管理规定中，校长是学分认定的第一责任人，学分认定小组成员由同学科或同课程内容的任课教师担任，这是将学生学分认定的主动权交给了学校，引导学校采取终结性评价与过程性评价相结合的办法来促进学生发展。

五、高中教育教学课改课程资源利用率低

高中教育教学总课程资源短缺，课程资源开发意识较差，现有课程资源利用率低。新课程改革推行国家、地方、学校三级课程管理体制，赋予地方和学校更大的课程自主权。当前，各学校都积极努力进行教学资源的建设，但总体情况不容乐观。部分教师认为学校的课程资源不足；还有部分教师认为学校的课程资源比较充足，但利用率很低。总之，课程资源意识狭隘，看不到资源的广泛性和丰富性，没有走出教材及教参的框限，尤其是对教师作为课程资源重要组成部分的认识，还很不到位，因而影响和制约着其他课程资源的开发、建设和利用。

特别是农村学校受制于人力、物力、财力诸因素的有限性，校本课程与课程资源的开发面临着较大的困难和挑战。如果多开选修课，教室、场地就不够用，学生自主学习时需要频繁使用的电子阅览室、图书馆等设施也未能配备完善，学校之间没有达成资源上的共享。再加上欠

缺社会的配合，致使社会实践、社区服务的资源及活动经费匮乏，组织有效的活动课程、社会实践和社区服务的难度更大。

第二章　高中英语听说教学策略

第一节　高中英语听说教学滞后

一、英语听说教育滞后性的生成特点

（一）学生听说能力的遏制

不论是语言基础的流失，还是学习情结的抹杀，学生在英语听说学习过程中所弥散的是不该有的那种"淡定与从容"，英语学习的终极意义已在这些学生的模糊学习意识中错位，从他们内心深处所投射出的对英语听说能力的反应异常冷淡。例如，某校针对高考要求，每周会安排三次30分钟的自由听力训练时间，然而在此训练过程中，一部分学生抱着应付态度行事，在没有教师监督的情况下对所提供的听力材料随意地填写答案，完全忽略听写策略的养成，或是听完后不进行答案的校正，态度随意。又如，在课后，尽管部分学生有电子设备，但他们宁愿用来听歌、看电子书，也未考虑借助其提高自己的英语听说技能。英语听说的遏制成为诸多学生语言基础差、难于拔高见效的"完美借口"。

正是此种意识形态下，学生的英语听说能力已定格在沉重的枷锁之中，难以自拔，苦于超越。

（二）英语教育环境的限制

当下，中学置英语听说教学于重要地位的很少，不难发现，一部分学校连最基本的语音室都没配备，即使冠冕堂皇地装备一间教室，也近乎作为关键时期的待检项目而已。此外，学校可以组织各类艺术节、田径会、演讲赛等，却唯独不见英语角、英语话剧表演、英语演讲比赛等与英语相关的集体活动来催化英语听说的氛围。再者，个别学校每年也派教师出去学习参观，但真正属于英语教师专业素养锻炼的机会却总因为某些原因而消失。倘若英语听说教育一再被放置于孤立无援的境地，那么英语听说教育走出阴影的尺度有多大，英语听说教育的伤痕就有多难愈合。[1]以上问题产生的原因是多方面的，系统整理后，笔者认为主要归因于三个方面：一是学生的情感与态度；二是教师的理念与素质；三是学校的体制与规划。

二、英语听说教育滞后的根本原因

（一）自信心的受挫生成学生英语听说学习的淡漠

调查显示，高中生对英语的听说学习明显缺乏勇气和信心，这归根到底是因为英语教学的敷衍塞责，致使学生在更深入和更实用的英语学习中倍感挫折与失落，取而代之的是对英语听说学习失去兴趣、缺乏足够的自信心，最终放弃。

美国旧金山大学语言学学院院长布朗认为，没有相当的自信心，任何认知的或情感上的努力都不会成功。自信心是英语学习取得成功的心理基础，是学生对自我能力和自我价值的一种主观意识和评价。自信心强的学生，往往对学习保持很高的热情，能够自主地利用时间学习并不断提高自己的综合能力。从心理学的角度看，人们的认知活动总是和一定的心理因素相伴相随。当心理因素受到压抑甚至是抹杀时，人们的自

---

①潘凌志. 农村高中英语听说教育滞后性研究［J］. 中学课程辅导（教学研究），2019（11）：114.

我创造能力就得不到发展和实现。英语听说学习，就其本质而言是一个认知、运用的过程，如果学习个体的认知层面上出现偏差或消极的情况，极易关联到学习过程中的能动力的正常发挥。

例如，高一英语教学第一节课，按照惯例是师生认识熟悉的"见面会"，所以教师安排学生用英语自由发言介绍自己或谈谈入学感言，结果20分钟下来能站上讲台发言的寥寥无几，并且难得说上一段顺畅的话。集中一问，原因何在，学生异口同声，"不敢讲，不会讲，害怕讲错"。于是接下来的几周，教师一直积极地创造机会让学生说、讲，尽量让课堂变得活跃轻松，但事与愿违，学生非但不配合而且英语学习的积极性越来越弱。

在英语听说学习过程中，绝对没有离开心理因素而独立进行的认知体验活动，也没有离开认知体验活动而独立进行的情感活动。对学生而言，心理因素支配着他们的学习，使他们对学习能够产生某种倾向，并影响着他们的学习行为和学习效果。而对于教师而言，只有用真实的态度去尊重每一个学生并充分理解学生的内心世界，为此做出相应的协调，才能激发学生的学习热情，增加学习的自信心。

（二）不良的学习态度与动机制约了学生英语听说学习的原动力

美国教育心理学家加涅认为："态度是通过学习形成的影响个体的行为选择的内部状态。"从调查中发现，学生被动学习的情绪显而多于主动学习。这可能源于学生的一种陈腐观念——学习就是为了考试。对于学生而言，对英语学习的时代性和实用性缺少积极的态度与认可，唯升学为尊，视分数处优，从而制约了学生听说学习的驱动力。而英语听说作为一种实践操作性能力，更多依赖于学习动机的引擎。

例如，在刚教高三某班的英语课时，经过第一轮复习统考，150分的卷面分值，一个女生得了131分，不可思议的是前面的听力她仅获得15分，这引起了教师对她的极大关注。经过课堂上教师多次有意识地让她朗读课文，并且交流后，教师深知其中的缘由是她的语音基础掌握不好，平时也不太在意这方面的缺陷，有时间就是尽可能多做题，她认为英语中的听说训练是上大学后考虑的问题。问及为何不多听多读来提高自己的英语听说能力时，她的回答是："高考不考口语的，听力也可以碰运气的，没必要在这方面花太多时间。"这居然是一个成绩较好的学生对英语听说的理解和认识，由此可见，学习的态度和动机极大地影响了学生对英语听说的重视。

（三）学力基础薄弱构成英语听说滞后的延续

学力主要指必备的学习基础知识和综合学习能力，包括理解能力、记忆能力、思维能力和对知识的迁移能力等。调查发现，师资及信息资源的欠缺，导致学生启蒙阶段的英语学习不能得到良好的教育，造成高中阶段的英语学习知识面窄，思维不开阔，接受能力有限。更严重的后果则是使学生的好奇心、探索欲随其高中英语知识的不断深入和延伸而受阻。久而久之，受薄弱的语言基础的制约，学生对英语听说课堂的参与度和主动性逐渐消退。

三、英语听说教育滞后的关键

（一）课堂设计偏离情境化与生活化

教师在教学中应参照学生的实情，不遗余力地创造条件，去其积弊、敢于尝试、为我所用，找到适宜英语听说中教与学的契合点，促使学生产生情感共鸣，丰富语言输出。然而，一部分教师缺乏语言丰富性意识或有效的教学策略，对课堂设计失之偏颇，把听说教学视为一种纯文本的课堂设计，听说教学不能赋予情境化与生活化的场景，故此，学生的兴趣和志趣在教师僵化的语言传授中退化。

（二）教育目标定位忽视学情的指导功能

英语听说课的教学目标在诸多英语教师的实践中几乎是残缺的或是未经过滤粗糙型的，既没有以学情作为目标的依托性能，也没有认真去把握其中的尺度和纬度，轻视以学生基点为支点以学生需要为支架，忽视从学生实际出发，走进教材了解内容，走出教材拓展思路，充分发挥学情的指导功效。具体体现在教学活动、教学内容、教学设计三个层面，即教学活动中，教师受人文地域化自然性、封闭性、边缘性和滞后性的内在影响，经验主义文化模式占主导地位，不能将教学深入学生的生活经验，营造一种可将教学与学生的心灵产生情感维系的纽带，达到信息的互补，使课堂更为生动、形象，实现建构主义下的情境教学"学习场"。更多情形下的英语听说课堂，学生的情感难以得到真实的诠释，学生在主动进行信息组合或加工方面力所不及。同时，教师对课程与教学改革中出现的文化冲突感到"水土不服"，没有正确解读课改的真正内涵，致使穿"新鞋走老路"。教学内容上，教师忽略了学生的生活世界，将学生生活中的鲜活体验隔绝在教室之外，缺乏多样性、目的性、拓展性及可行性，从而无法彰显英语听说操作性强的特点，阻碍了学生的语言输出，窒息了学生学习的热情。教学设计上，教师在体现学生为中心，根据学生的认知需求设计相应的活动上缺乏设计的前瞻性。教师未能根据学生的需求，协助学生做好听说前的知识储备，或不足以通过背景图示激活、策略技能等为学生的学习和发展搭建支架。例如，在每单元的 task 版块都会安排与本单元 topic 相关的听写任务，而这些听写任务的难度在各单元体现不均，遇到任务较难的，大部分教师并没有结合学生的实际去做相应的处理，还是照搬教材、按部就班，对于学生到底收到多少实效考虑甚少，只求完成教学任务。部分教师甚至会因听写材料的难度而放弃听力训练这个步骤，就依靠天天读的时间让学生自由听写，既没指导策略，也没监督措施。如此这般，学生的听说水平不可能提高。

　　教育目标的定位必须以课程目标和学生的需求为依据，充分考虑学生的学习现状，既要有新内容、新发展，又不能超出学生的实际水平。同时，教师要善于分析学生的需求、认知特点，从而诊断学生学习上的缺陷，以便设置相应的教学活动。教师应充分了解学生兴趣、学习水平和学习需求的基础上，合理设置教学目标，这样才能真正从根本上解决目前学生的英语听说学习中存在的问题。

　　此外，依据教师座谈情况的信息反馈，在英语的听说教学中，教师对于自己角色的定位往往在课堂合作中产生偏差。理论上，教师坚持把学生当成"顾客"，然而实践中，教师没有考虑"学生到底想学什么，打算如何来学习，教师应怎样满足此种需求"。这在抹除学生差异性、个性化的同时，触动的是学生对课堂的反感与不配合，原因就在于他们实在难以快乐、轻松地理解与运用语言。值得注意的是，在英语听说课堂中，部分教师不是作为学生课堂的合作伙伴，一同来决定课堂活动的内容、选择感兴趣的话题、合理有效利用师生教学的潜在资源的，而更多的是把自己定位于语言材料的提供者，认为学生只需按照约定俗成的问题进行语言的被动体验即可。学生成了语言学习的"傀儡"，这基本上脱离了英语听说教育的目的性、针对性、功能性。

（三）教师素质的提升缺少空间和时间

在诸多的影响因素中，笔者认为，教师对于学生的影响最直接、最持久、最有效。但当前的问题是，信息和数字时代的今天，由于教师行为理念滞后，使教师的教育和教学工作对学生学习产生的制约和负面影响越来越大。任何教师要胜任教育职业，必须具备专业的本体性知识，而且应在专业知识方面达到一定的标准，同时还必须具有实现知识传输的技能。而英语教师的专业素养在基础能力素养、英语语言素养及英语教学专业发展素养三方面还存在很大的提升空间和时间。

首先，基础能力素养的单薄不牢。英语教师的基础能力素养包括认知能力、语言表达能力、人际交往与协作能力、应用信息技术能力、教学检查评价能力与终生学习能力。此外，还应具备用英语传递信息进行交流的能力。因教师配额的不足、相对繁重的家事、工作量较大、缺乏提升的时间，并且大部分英语教师是来自一般专科院校，受以往传统的学习环境制约，对于不断革新的英语教学缺少创新意识、开拓的理念，能以自身的专业素养打动每个学生、善于开启学生语言听说学习心智的教师并不多见，也正是英语教师个人张力的展现不够才使学生对于语言学习的认知失调。

其次，英语语言素养的能力不足。英语语言素养包括英语言语技能与综合运用以及跨文化交际。英语教师的工作特点是言传身教，语言能力的作用渗透于语言教学活动中，对学生的语言习得有着直接的影响。听说教学是师生间双向、必备的一种互动，然而，大部分英语教师受自身语言能力的限制，孤立于互动。部分教师在用语得体、合理等技巧方面缺少必要的指导这不得不归根于特定教育环境下的一种语言失落。

最后，英语教学专业发展素养的逐步延伸不到位。英语教学专业发展素养包括英语教学设计、英语教学实施、英语教学监控、英语教学反思、学科研究与创新能力。专业素养的缺乏是导致听说教学滞后的关键之所在。大部分英语教师在教学反思和创新能力层面的努力还是非常有限的，尽管新课改进一步深入实施，但切实贯彻到位的教师为数不多。听说教学更强调实践性和操作性，高中英语教师极易忽视它的语用功能，更多的是照本宣科、照搬教材，在教材的处理和策略的应用上下功夫不够，尤其忽视了激发学生学习的积极情绪和教学反思，及听说教学后的评价与反馈。一言以蔽之，教师的教学视野狭窄，不精于把学生已有的零散性知识恰如其分地融入系统的听说教学实践中。从学生的问卷看出，学生更青睐于教师学会换位思考，对机械性的语言操作课赋予其弹性化、层次化，加大视觉、听觉的冲击，精心整合每一训练主题的知识链延伸。

第二节　优化高中英语听说教学模式

要想解决以上存在的问题，在组织高中英语听说教学时，教师需要优化教学模式，以多样生动有趣的模式点燃学生的听说兴趣，驱动学生积极听说。

一、"非常6+1"高效课堂模式

"非常6+1"高效课堂是众多高效课堂模式中的一种。它是由著名教育专家，衡水中学前校长李金池先生提出的。他在学习借鉴昌乐二中、杜郎口等经典成功模式基础上，结合本校的校情，经过不断摸索、探究、总结，最终形成了"非常6+1"这种新颖的课堂模式。在这种模式的引领下，学生的学习能力和各方面的素质都有了显著的提高。它的成功吸引了全国各地的教育者慕名去观摩学习。

"非常6+1"高效课堂模式包含了六个主要课堂环节，其基本内涵是在课堂教学过程中抓住"导、纠、探、展、评、用"六个环节，实现"一张纸"教学效益最大化。"一张纸"是指教师在课前反复推敲、精心简化、设计编写导学案。[①]导学案主要包括课前预习案、课中探究案、当堂训练检测和课后巩固提升，编写的目的在于充分引导学生进行高效自主学习。

"非常6+1"高效课堂的六个基本步骤包括：课前读书自学，进行自主探究；课中完成导学案，进行二次探究；小组合作，讨论解惑；展示点评，总结升华；当堂检测，迁移运用；课后自我完善，训练巩固提升。具体的操作如下：

（一）导（约1分钟）

指的是导入环节，一节课开始后，教师开始进入导入和导学环节，给学生展示导学提纲。导入的形式多样，可以通过复习旧知识提出新问题自然导入，或者联系实际导入，或设计新问题情境导入。之后进行导学，即利用多媒体投放学习目标，本课考点、重点和难点。如需要也可以解读学习目标，包括知识目标、能力目标、情感态度价值观目标。

（二）纠（约7分钟）

学生对照答案，进行自我纠正，为接下来的学习做好知识储备。导学案通常都是提前发到学生手中，要求学生按要求完成自主预习部分。自主预习要求学生阅读教材，查阅学习资料，进行知识梳理，做好预习笔记。课中教师投影答案，学生自我修正。之后教师解答学生自主预习中存在的问题。为掌握学生的预习效果，教师通常要全部批改或部分抽改学生的学案，上课投影典型学案，以便做到在教学过程中有的放矢。

（三）探（约10分钟）

学生进行探究是课堂的重要环节，其中包括自主独立探究和小组合

①王惠．"非常6+1"高效课堂模式在高中英语听说教学中的应用研究[D]．武汉：华中师范大学，2018．

作探究。自主独立探究要求学生先静下心来思考，形成自己的基本思路，明晰自己尚不清楚的问题。小组合作学习是大多数高效课堂所具备的基本环节。合作探究时，组员各抒己见、取长补短，最后集大家的思路形成统一的意见和最合理的解决问题的方案，并为接下来的展示做好准备。学生在小组讨论中，与组员进行知识交流和思想碰撞，在碰撞中激发自己的思维，达到相互学习、共同促进的目的。教师在此过程中要巡回督查，适当点拨学生的一些疑问。

（四）展（约 8 分钟）

学生将小组讨论的成果予以展示，可根据具体内容采用不同的展示方式，如口头展示、书面展示、投影、表演、课本剧、演示实验等多种方式。在此过程中，教师要对展示学生进行肯定、诱导，调动学生的学习热情，并鼓励、激励其他学生进行大胆质疑、补充和提供不同的思路和见解。

（五）评（约 6 分钟）

这是继课堂展示之后的一个必要环节。点评一般遵循的原则为先生后师，即先由学生点评展示的内容，先说对错，再讲述理由，说出自己的观点，回答其他学生的质疑，必要时教师予以帮助。教师主要在学生点评完之后，进行综述、小结，并予以拓展。教师在点评中主要是总结方法、规律，讲思路，讲线索，讲框架。

（六）用（约 8 分钟）

学以致用是课堂教学的根本目标。这一部分是教学的最后环节，通常由当堂训练检测和课后巩固提升练习组成。学生在经过一系列的学习过程后，是否真正实现了从"懂"到"会"、从"会"到"用"的转变，还需要进行实践检测。在完成当堂检测的过程中，教师可以了解自己的教学效果，并进一步梳理解惑。课后巩固提升教学内容、教学进度和学情的需要，要求学生课后完成，教师予以适当批改。

以上就是"非常 6+1"高效课堂模式的具体操作步骤。"非常 6+1"高效课堂模式，突出了建构主义学习观中以学生的主动学习为主的课堂教学理念，同时强调学习的社会互动性，通过合作学习来促进学习。

二、活动教学模式

目前英语听力教学研究中普遍存在一种看法，即教师在听力教学过程中普遍关注于语言材料的理解，但是并没有进一步地提高学生的语言能力，忽略了听力的语言习得功能。从某种程度上来说，听的行为和过程并非单独为了理解，更是为了学习语言知识，并将语言习得结合在一起。进行听力教学过程中，教师可以利用活动设计，使学生的注意力转移到听的文本语言特征中，并将其吸收，纳入自己的语言中。

顾名思义，活动教学要求教师根据课程要求和学生的实际情况，设计出一套最优的教学情境，让学生自己参与。活动型教学中，学生通过自己的能力来获取知识，通过手脑并用，让学生的各个感觉器官参与进来。视觉、听觉、触觉等感官协同起来，才能更好地获取课堂知识。可以看出，在进行活动型教学时对教师和学生的要求是很高的。尤其对于教师，教师要在课前做好相关材料的准备与教案的编写，在实际的课堂教学中，也要根据实际情况，果断地采取相应的措施，抓住机会对学生进行积极教育。活动教学相对于传统教学的特征，主要为以活动促教学的模型。它主要的教学形式为学生的自主活动。教师在学生自主活动的过程中，加入技能性、情感性和问题性的知识，让学生在开放的实践中，更好地获得相关知识。活动教学法是对传统教学的改进，对于教师和学生具有重要意义。活动教学具有能力发展功能，即有助于学生动手操作能力、创造思维能力的提高。活动教学具有人格完善功能，即有助于学生人格的完整和个性的完善。

实践性、开放性、整体性、自主性和创造性为活动教学法的基本特性。实践性是指活动要具有实践意义，要让学生通过看、听、说、摸等多种感官去体验和感受，而不是一味地进行口头教授。自主性则是活动教学法的灵魂。活动教学法力图通过丰富多样的活动激发学生的学习热情，让学生自愿学习，自主探究，自我总结，自动提升。开放性则指学生不能在一个封闭的空间中学习，应该让学生到自然、到社会、到生活中去学习，去探索去发现，去应用知识。此外，教师还应该充分运用最新的科技知识，打破时间和空间对学习的限制。创造性要求教师不断更新自我的知识和教学手段，组织开展新的具有挑战性和思考性的活动，注重培养学生的创新能力。

第三章　阅读素养与英语阅读教学

第一节　阅读素养与有效的阅读教学

英语阅读能力是通过阅读英语文献获得信息的一种能力，其中英语阅读素养是核心素养的关键。[①]高中英语阅读体裁广、题材新、内容丰富，而学生的时间、能力和活动范围受限，因此如何在限时阅读中准确把握技巧和技能，显得尤为重要。我们需要从以下几个方面提高阅读素养，进而实现有效的阅读教学。

一、改变授课方式

（一）转变教师观念，注重阅读策略培养

教师应在传授知识的同时，着重于激发学生学习兴趣，调动学生的学习积极性和主观能动性，有意识地培养其自主学习能力。由"以教师为主体，学生被动接受"的教学模式调整为"以学生为主体，发挥主观能动性"的教学模式。

以教师为主导、学生为主体的教学模式应侧重于学生对语篇的理解与鉴赏，培养学生对语篇的整体性深度理解，促进其多元思维发展。课堂中灵活运用各种方式，如略读、扫读、细读、图表导读、思维导图辅助等不同方式进行交叉训练，多方位锻炼学生自主阅读能力，提升阅读速度。

例如，在 A night the earth didn't sleep 的语篇中，我们从 What、How、Why 三方面进行分析。

首先，通过展示图片，让学生获取地震前相关知识，总结出地震的前兆，从而明白当时人们缺乏对地震的预警。

其次，通过图片展示震中巨大的破坏力、波及的范围以及受灾的情况，引导学生观察文章细节信息，概括出文章特点，即运用数据强调事实真实性，培养学生快速查找信息的能力。

最后，让学生深入主题语境，分析在地震中灾民需要什么样的帮助。学生通过推理得出"城市开始呼吸"的真正内涵，深入理解文章的言外之意，体会"地震无情人有情"的主题思想。

（二）尊重学生个体差异，进行分层式阅读教学

教师设计教学活动时应充分考虑到个体认知水平差异，通过设计不同层次的教学任务，进行因材施教。例如，在设计阅读问题时可以采用阶梯式由浅入深，根据难度指定不同水平的学生作答，全面调动每个学生主动参与，增强自信心，同时加强团体合作。

例如，在 A night the earth didn't sleep 的语篇中，设计问题：

Who came to the rescue? What did they do?

What helped Tangshan city after the earthquake?

What does the author want to tell us?

（三）重视文化背景因素，拓展学生多元视野思维

20世纪60年代，整个社会出现多学科交叉，各种理论相互融合的浪潮。正是在这样一个背景下，在心理学这个母体中融合计算机学科、控制论及信息论的相关知识，改变了人类知识表征，最终形成了"现代图

式理论"。"现代图式理论"强调阅读实质上是读者及其背景知识与阅读材料所输入的文字信息交互作用的过程。在阅读教学中只有对这种交互作用的两方面，即背景知识和篇章知识，予以足够的重视，才有可能达到事半功倍的效果。在实际的教学活动中，教师设计教学活动时应依据主题，提供相关的生活实际内容，拓展学生背景知识，让学生多了解英语国家的文化背景知识以及中西文化之间的差异，熟悉并理解生活在不同社会背景中的人们的语言特征和文化习惯，帮助学生在英语学习中了解相应的背景知识点，提高对语言和文化差异的敏感性，顺利进入主题语境，在有效运用篇章知识进行阅读的同时提升跨文化沟通能力及思辨能力，培养其多元文化意识和多视角思维品质。

二、扩大阅读词汇量

词汇之于英语阅读，正如砖块之于高楼大厦，词汇量若严重不足，阅读教学则如无米之炊。因此，如何帮助学生扩大阅读词汇量也就成了英语教学的根本任务。

（一）基于语境学习词汇

词汇学习要避免死记硬背。让学生在真实语境中通过上下文猜测词义；使用brainstorm之类的思维导图等发散思维，也可以通过熟读背诵优美语句语篇，使词汇积累水到渠成。例如在 A night the earth didn't sleep 的语篇中采用的排比、比喻句式可要求学生朗诵熟记。①...wells rose and fell, rose and fell...Chickens and even pigs...to eat, and dogs refused...Mice ran out...and fish...;②The night the earth didn't sleep.Bricks covered the ground like red autumn leaves, but no wind could blow them away...

（二）运用联想记忆法

以词根词缀为主体，同时利用单词的拆分、谐音以及词与词之间的联系，运用"词根+联想"记忆法灵活、实用地记忆核心词汇。

（三）加强语音语感训练

如果不能更好地培养学生的英语语感，学生的阅读能力就难以提高。语感是一个人潜在的、隐含的语言能力，是学生在不断地学习实践中逐渐激发和培养出来的。古人云："熟读唐诗三百首，不会作诗也会吟。""熟读"实际上就是储存语言信息。正所谓"熟读成诵"，读是所有的语言实践中重要的一个环节，而大量朗读训练有助语感的形成。

通过引导总结拼读规则让学生打好语音基础：包括单个发音及音段音位和语流音变，还有重音语调、语流音变等。具体的操练方式有机械式的快速跟读、反复磨耳朵地听音辨音、小组互相纠错等。大量的开口诵读训练有助于建立视听觉的联系、突破心理障碍、形成口腔记忆、熟练语言技巧、提升整体语感。

三、激发英语阅读兴趣

兴趣是最好的老师。如能利用一切机会不断激发其阅读兴趣，将会大大提高教学效果。我们可以从以下几个方面引导。

（一）强化课前导入激发兴趣

课堂导入环节中教师可以巧妙运用丰富多彩的方式呈现，以增加趣味性。"英文歌曲"可以让学生心情愉悦地进入语言教学环境；结合学生实际生活，选择相应的课堂知识背景导入，既能活跃课堂气氛，又能激发学生的学习欲望，同时加深对主题意义的理解，增强学生阅读兴趣。如：人教版第一册 Unit1 的 Friend and friendship 可以歌曲 "*Friend*" 导入；人教版必修一 Unit 4 Natural disasters 的引入可利用多媒体向学生展示近年海南台风等一系列自然灾害图片，通过提问引出相关话题词汇 "disaster、typhoon、flood、drought、earthquake..." 激发知识背景，活跃课堂气氛，激发学习欲望。

（二）举办丰富多彩的阅读活动

教师除了创设平台让学生进行语言实践，还可定期举办丰富多彩的教学活动。例如朗读比赛、讲故事、对话或戏剧、演讲等活动，让学生有更多机会展示自我。同时注意加强早、中、晚朗读，帮助更多学生熟读语篇培养语感，积累词汇，为学生参加活动扫清障碍。

（三）精心选取阅读材料激发兴趣

阅读材料的趣味性也是激发学习兴趣的有效手段，选取贴近学生生活、易于理解的内容，可让学生产生共鸣，容易调动其主观能动性，教师根据不同文章的特点合理地设计不同的教学活动，引领学生进行有效互动，让学生习惯分享自己所思所想所得，敞开心扉探讨阅读中遇到的疑惑、阅读中技巧运用的各种问题。

具体操作方法是，每次可抽取1—2个学生，在课上分享其读后感，再由班级学生给出恰当的集体评价，使学生在评价他人的同时，自己也能严格按要求去完成任务，促进自我激励。可建立学生阅读素养发展档案，包括阅读记录表、阅读笔记等，以督促反思。

（四）利用多媒体拓展阅读资源

多媒体的使用可以进一步拓展丰富的阅读资源，把抽象的知识变得生动有趣，事半功倍。比如可定期组织学生观看根据名著改编的影视剧 *Harry Potter*（哈利·波特）等，再阅读原著。教师可根据书中的内容设计相关问题考查学生的理解，同时还可以鼓励基础好的学生写观后感或读后感。通过各种活动形式的训练，不仅扩大了阅读量，丰富了课外生活，也充分激发学生的阅读兴趣，帮助学生从更多角度去鉴赏中外优秀文化，拓宽国际视野。

高中学生英语阅读素养的提升并非一朝一夕之功，教师无论在理念或实践层面都要有一个全新的观念转变，通过切合实际的教学设计，逐渐探索并确定适合本校学生提升英语阅读素养的策略。

第二节　基于语篇分析的阅读教学设计

一、语篇分析的概念及意义

（一）语篇的概念

语篇的概念最早源于国外的"Discourse"，且国外学者所指语篇的概念比较宽泛，"Discourse"既可以理解为书面语言，也可以理解为口头语言，例如诗歌、散文、小说、一封书信、一篇文章、一段对话等。20世纪80年代，语篇分析被引入我国，于是国内学者对语篇有了更深入的思考和研究。黄国文认为："语篇是符合语法规则的语言形式，在语言和语用方面具有连贯性。"黄国文教授和同济大学张德禄教授认为："语篇是在内部意义上相互联系的语义整体，它需要适合一定的情境语境，并在语境当中有适当的功能。"北京师范大学外国语言文学学院教授王蔷提出语篇是指"用于教学的不同类型的语篇，即教师在教学中所使用的教学材料，包括口语的、书面语的，或图形、图表等多模态形式的材料"。

（二）语篇分析的概念

不同学科对于语篇分析的概念界定是不同的，主要集中在语言学领域和教育学领域。语篇分析的概念最初由美国著名语言学家哈里斯提出，他试图超越词汇层面和句法层面，从语篇的角度分析语篇内各句子之间的联系，并提出语言事实上是发生在连贯的语篇之中。哈里斯在分析语篇时涉及语言与文化、语篇与社会情境等问题，并且提出了语篇分析的方法：一是超越句子的限制来描述语言，二是关注语言与文化之间的关系。之后英国著名的语言学家韩礼德和哈桑从系统功能语言学的角度指出，语篇分析是对篇章的衔接与连贯、语义结构潜势等语言使用的微观方面进行深入分析，将语言的结构与功能联系起来。国内学者胡壮麟认为，语篇分析应包括对文本和语境的分析。从国内外学者对于语篇分析概念的界定可以发现，语篇分析既是一种语言学理论，又是一种语言教学方法。在语言学理论层面，语篇分析是指如何理解与建构语篇本身；在教学方法层面，语篇分析是指如何通过分析与解读语篇帮助学生理解主题语境，最终提高阅读能力。

（三）基于语篇分析的高中英语阅读教学的意义

从语篇分析概念的界定可以推断出基于语篇分析的阅读教学对于教师和学生皆具有重要意义。一方面进行语篇分析不仅有利于教师的自身发展，还有利于提高学生的阅读能力并最终提升其英语语言能力、思维品质、文化意识以及学习能力。对于高中学生而言，基于语篇分析的高中英语阅读教学可以促进高中学生思考和分析与主题意义相关的问题，理性评价文本中的人物和事件，增强学生的语言理解和语言表达能力，培养学生的批判性思维和多元思维，使其树立正确的价值观、世界观、人生观，提升其英语学科核心素养。

二、基于语篇分析的高中英语阅读教学的分析内容及应用设计

（一）基于语篇分析的高中英语阅读教学的分析内容

下面将从尝试回答 What、Why 和 How 这三个问题入手进行语篇分析并设计教学内容。首先，关注语篇"写了什么"，从而把握语篇的基本内容和意义，包括主题语境和结构。第二，聚焦作者或说话人"为什么写"，即作者或说话人希望通过该语篇引发关于什么样的思考或价值观讨论，作者的写作目的是什么以及在语篇学习中学生学会解决什么问题？第三，反观语篇"是怎样写的"或"如何组织架构的"，即文章是如何围绕主旨组织和安排素材的，重点关注语篇的体裁、语篇中各段落及句子之间的逻辑关系。若是多模态语篇，还需要分析说话人或旁白的语调语气，教材中的图片或所给视频素材与语篇的文字有何种关系等。

以外研版高中英语必修第一册第三单元的阅读部分"Like Father, Like Son"为例。本单元的主题语境是人与自我。"Like Father, Like Son"这个剧本通过"我"与父亲的交流和争执点出了父子之间的矛盾，祖父的介入让矛盾缓解，最终达成一致。首先分析"What"的问题。剧本开头讲述了儿子回家要和父亲谈话；发展部分讲述了父亲与儿子因未来职业规划的观点不一而产生矛盾；高潮部分两人矛盾升级，祖父此时介入；结局部分祖父提出解决方案调解了矛盾。像父亲与祖父多年以前那样解决矛盾，他们之间也有过相似的矛盾，这也是题目为"有其父必有其子"的原因。其次分析"Why"的问题。剧本通过父与子矛盾的呈现引发学生对家庭生活与个人角色的思考，最终形成"珍视亲情、珍爱家庭"的正确家庭观，并思考自己的理想追求和人生观。通过对这个剧本的学习，学生可以掌握剧本体裁的特征以及五要素，学会处理家庭关系和理解尊重家人，教师则能落实立德树人的根本任务。最后分析"How"的问题。语篇采用戏剧的形式，语言简练易懂，父亲、儿子和祖父之间

的对话随着情节发展而层层递进，第一幕和第二幕联系紧密，衔接自然，随着三者对话内容而顺承发展。教材中的图片生动形象地呈现了剧中角色的关系以及人物的心理状态，帮助学生更好地理解戏剧情节发展。

（二）基于语篇分析的高中英语阅读教学的应用设计

基于以上对"Like Father, Like Son"的语篇分析以及《普通高中英语课程标准(2017 年版 2020 年修订）》（以下简称"新课程标准"）的要求，可以进行如下的教学设计。

教学目标设置为：①学生能够掌握戏剧的基本特征和基本要素；②学生能够分析剧中人物的性格、心理；③掌握猜测、寻读和跳读的技巧；④能够续写戏剧的结局；⑤树立"珍视亲情、珍爱家庭"的正确家庭观。

教学重点和难点：教学重点为分析戏剧的基本要素和特征，教学难点为让学生通过对戏剧的阅读与思考，能够反思自己，在生活中恰当地与家人沟通。

教学过程的第一步导入部分，让学生自由讨论会就什么话题咨询父母的意见，并让部分学生展示咨询过程，以此来引入家庭问题的话题。第二步读前活动，让学生看课文的配图以及标题来预测剧本的情节，以此引起学生阅读兴趣和培养阅读猜测的技巧。第三步让学生快速阅读一遍剧本，找出剧本的主旨大意及其戏剧的五个要素，然后分析剧本的文体特征，帮助学生梳理理解戏剧结构，内容和提高概括信息的能力。之后学生认真阅读剧本并思考 "What is the conflict between son and father?" "What is the conflict between father and grandfather?" 和 "Why did the conflict between son and father happen?" 这三个问题，然后绘制思维导图来更好地把握剧本内容，培养学生梳理和处理信息的能力和逻辑性思维。第四步读后活动，教师让学生分角色表演该剧本，感受人物的心理活动，之后讨论分享自己和父母产生矛盾和解决矛盾的经历，让学生在分享中找到正确解决家庭问题的办法和树立正确的家庭观。最后，教师让学生基于学到的戏剧的基本特征和基本要素来续写这个故事的结尾，以此巩固学生所学知识并培养学生的开放性思维。作业可以设置为用英语写一个关于家庭生活的短剧本，并于下节课展示表演。从教学设计可以看出，本节课的教学活动从前两步的基于语篇的学习理解类活动到第三、四步的深入语篇的应用实践类活动，再到最后超越语篇的迁移创新类活动的作业，层层深入。从课堂教学效果可知，基于语篇分析的高中英语阅读教学符合新课程标准的要求，符合高中学生的语言发展能力和规律，利于帮助学生提高阅读能力和培养学生的英语学科核心素养。[1]

三、基于语篇分析的高中英语阅读教学建议

对"Like Father, Like Son"进行基于语篇分析的教学设计和初步教学实践后，向高中英语教师提出有关基于语篇分析的高中英语阅读教学的三条教学建议。

（一）注意挖掘语篇的主题意义和梳理主线

学生对语篇主题意义的探究是阅读教学的重点之一，它影响到学生对语篇的理解程度甚至语言学习的效果。高中英语教师在进行基于语篇分析的阅读教学时，可以把对语篇的主题意义的探究视为语篇分析的起点，深入挖掘语篇的主题意义，从而帮助学生理解语篇意义。当面对多条不同的主线思路时，教师一定要选择符合文章体裁特点或学生易于理解的主线进行阅读教学。

（二）教学设计既要基于语篇，又要做到深入语篇和超越语篇

在确定语篇的主题意义和主线后，教师应该设定具体可行且与英语学科核心素养密切相关的教学目标，设计与主线和教学目标环环相扣且层层深入的教学活动。课堂教学活动的设计可以从基于语篇的学习理解类活动入手，到深入语篇的应用实践类活动，最后到超越语篇的迁移创新类活动，层层递进、由浅入深，帮助学生更好地理解语篇，提升学生的语言能力、学习能力、思维品质和文化意识。

---

[1]刘思娟.基于语篇分析的高中英语阅读教学的行动研究[D].贵阳：贵州师范大学，2022.

（三）语篇分析时注意培养学生的思维品质

思维品质是英语学科核心素养的要素之一，所以教师在进行基于语篇分析的阅读教学时需要重点关注学生思维品质的培养。在基于语篇分析的阅读教学中，教师应对语篇内容进行深入、透彻地分析和解读，并注意分析语篇的衔接手段，帮助学生理解各个句子以及各段落之间的逻辑关系。高中英语教师可以在挖掘语篇主题意义的基础上，深入分析语篇的内在逻辑，精心设计能启发学生思维的教学活动，使学生的思维品质得到进一步提升和发展。

第四章　写作素养与英语写作教学

第一节　写作素养与教学设计策略

写作素养指能够细致地观察生活，丰富生活阅历和感受体验，对自然、社会和人有自己独特的感受和思考。能根据不同的目的规定，以准确的态度陈述自己的看法，表达真实情感，观点明确，思路缜密，内容丰富。写作是沟通人、世界与自然的桥梁，是情感和灵魂信仰的寄托。[①]从教育学角度看，英语写作是每个学生必须掌握的，它衡量着英语语言综合运用能力的高低。但是在实际的英语教学中，学生英语写作素养普遍不高，甚至出现写作困难焦虑等现状。有的学生作文内容贫乏，出现单词和语法错误，缺乏逻辑，结构混乱。出现这一系列问题，成因有很多：没有专门系统的写作教材，写作课设计写作环节不够细致，平时积累词汇及长难句不够量等。那么如何培养学生英语写作素养、进行有效的英语写作教学呢？

---

① 邱富生. 重视英语过程写作，培养英语写作素养[J]. 考试与评价，2020（5）：81.

一、注重平时积累

听、说、读、写四项基本技能应同时发展。英语学习中，听说读写是相互影响，相互渗透，相互促进的。不能分割开来进行单一的、片面的一种技能的学习，如果割裂了这四项技能中任意一项，都将导致英语语言综合运用能力的不平衡发展。听是接受型技能，多听多练，听英文歌曲，看英文电影，配音模仿等练习可以扩充学生大脑输入，从而为写作的输出做铺垫。说是产出型技能，可以更好地加强学生口语的提高，说之前需要在大脑中组织一定的语言，促进学生逻辑思维，言语表达能力提高的同时，也积累了一定的写作素养。读可以丰富学生的眼界和知识，久而久之提高学生概括总结能力。任何写作都不能脱离语篇训练。教师应引导学生注重阅读量的积累，多看优秀文章，勤于思考，积累丰富的语言文化知识才能更好地应用于写作。教师在课堂教学中，想要合理地同时锻炼学生听、说读、写四项技能，必须创设良好的语言环境和语言氛围。选择讨论的话题应该和学生日常生活贴切的，真实存在的，方便学生理解。此外，教师应该尽可能英语授课，创设课堂45分钟用英语交流的语言氛围，让学生感受体验到学英语不只是机械地目的性地练习，而是让英语融入他们的生活，组织英文朗读比赛，配音模仿等活动，让学生真正热爱英语。在这种语言氛围熏陶下，会激发学生的写作动机。

重视词汇、长难句积累。英语的学习应该从最基础的词汇着手，注重词汇积累，细致了解词性、词义、词类以及不同语境下的特殊释义，这样才能游刃有余地提高英语作文整体感召力和生动性。词汇是写作必不可少的材料，也是清晰灵动地表达写作思想的关键，更是制约英语写作素养的关键。许多写作困难生面临的最基本的阻碍就是词汇。词汇量积累不够必然出现词穷、英语表达上受限以及不恰当运用词义的情况。单词的记忆是一个长期的、反复的过程。教师应教会学生国际音标、基本构词法、常见前缀后缀等，方便学生记忆。此外，教师应以班级为单位组织开展词汇竞赛，拼词游戏等激发学生熟记单词的兴趣和热情。量的积累促成质的飞跃，教师还应加强学生英语阅读量，加强词组识记和进行长难句、固定表达句型的积累和背诵，为写作提供素材。长难句的运用可以给写作增添含金量，并能够加强学生语感的培养。熟能生巧，适当的机械练习能够促进有意义练习。学生认知结构中已掌握一定知识水平能够更好地建构和加工新知识。要坚持不懈，多积累，掌握足够的词汇，才能为英语写作打下坚实的基础，游刃有余地根据不同语境选择合适词汇，从而潜移默化地促进英语写作素养的提升。

重视语法的学习。部分学者主张近几年由于应试教育过分强调英语语法的重要性导致很多学生机械学习语法而不懂灵活运用驾驭语言。试问学习任何一门语言，如果不懂语言的语法规则，怎么正确运用语言。语言的本质是用来交流沟通的。而沟通所需要的表达技能中，语法是不可或缺的一部分。因此，我们主张活学活用。语法是语言的框架，词汇是语言的血肉，只有框架和血肉同时存在，文章行文内容才能更加鲜明，结构更加合理，成为画龙点睛之佳作。许多学生觉得英语语法枯燥，包罗万象，难以理解。教师应尽可能化繁为简，将抽象枯燥的语法以简单、通俗易懂的语言呈现给学生，并加以细致区分。

二、充分利用写作课

教师应抓住课堂时间，精心设计写作课。一堂好的写作课需要提前进行精心设计。教学设计应落实到每个教学环节。

（一）写作前阶段

现行教材有其优点，每个模块都给出写作话题。教师可以将教材所给模块结合新课程标准对学生进行指导，深入挖掘教材，积累素材，并鼓励学生利用多种渠道资源收集素材，与全班一起分享。这样不仅提高学生积极性也提高资源利用率。教师应鼓励学生进行头脑风暴、发散思维、联想思维等并对学生进行相应的写作指导，打开学生思路，采用启发式教学，引导学生力求创新。此外，教师应鼓励学生发展英语语言思维。

（二）写作阶段

教师要引导学生进行深度思维框架建构，启发学生行文前有一定的思路，宏观上应落实到文章划分几个段落，每个段落涉及什么内容。整篇文章主题要突出，最终的升华部分应为文章点睛之笔。微观上每段应围绕主旨句进行展开，主旨句总领整段可以突出文章重点，层次分明。此外，要注意言语使用的规范性，要用英语语言文学思维行文，所用的英文句式应该准确无误。各句子之间的衔接，教师应提倡学生尽可能恰当运用关联词。各段落之间的衔接要具有连贯性，过渡通顺。教师应启发学生准确运用语言，英语词汇一词多义，近义词之间看似意思相近，但在不同语境中千差万别。教师应指导学生将英语写作不拘泥于清晰表达出学生的思想，要将所表达的情感更细腻，更活灵活现，更具有感召力。

（三）写作后阶段

即文章的修改完善阶段。首先尽可能让学生进行小组互评，这个过程不要怕献丑或者得罪同学，应该客观地给出合理建议。别人的长处要学习，别人的缺点要改正。然后再由教师进行修改指导。最后让学生进一步完善。一篇好的文章一定是经过多次打磨才能更完善的。

三、开展不同形式的英语写作练习

多媒体的灵活运用，会激发学生的写作兴趣。俗话说"兴趣是最好的老师"，教师想要培养学生的写作素养，不应急功近利、目的性太强而忽略了学生思维水平发展和他们的天性。合理地引导他们，找到不同学生兴趣点，才能对他们有吸引力。比如，教师可以利用学生喜欢的故事或者经典的英文电影进行写作训练。学生感兴趣就会有进一步了解探究的欲望，进而进行写作练习，展开自己的观点加以论述。此外，多媒体信息技术飞速发展，信息传递越来越迅捷。教师也可以选择有积极意义的微博热搜事件让学生以此为话题进行写作练习，不仅培养他们的写作素养更培养他们关心国家实事的政治灵敏度。届时，拓宽学生的课外阅读和写作词汇。

组织郊游活动，带领全班学生亲身感受大自然，所见所闻，所感所想皆可作文。教师在教学生如何写作，培养学生写作素养之前，应该让学生多看多接触新鲜事物，多培养他们感悟能力，首先要多观察，有想写的动机。学生写作能力不足，有很多原因，比如经历少感悟少。所以教师要多组织学生进行课外活动，让学生有话可说，多视角看问题。教师可以带领学生去有历史意义的景点，给学生介绍他的相关历史并要求他们进行自主命题写作。这种培养模式不仅带学生走近生活，培养学生合作意识，又可以多角度启发学生的灵感。只有多走出校门，学习书本知识的同时也要感悟生活，多观察、多经历、多体验，学生才能写出立意深刻、思想深刻的文章。

第二节　读写相结合的教学案例分析

下面以一节写作公开课为案例，探索基于读写结合的高中英语写作教学。

一、教学分析

（一）教材内容分析

阅读材料 Appreciating good food 来源于《21世纪英语报》，全文共9段，351词。文章标题即点明了感恩食物的主旨，第一段提出食物对人类生存发展的必要性，中间段落对比贫富国家对食物的不同态度，末段提醒读者应心怀谦卑，感恩食物。

（二）学情分析

选择英语水平略高的学生，课堂中应侧重思辨能力的培养及价值观的输入和引导。

（三）教学目标分析

本课学习之后，学生将会在知识、技能、情感价值观方面达成以下目标：

①熟悉"问题—分析—解决措施"语篇模式，掌握议论文段落要素和论证方法。

②掌握阅读文本中关于食物重要性的表达，并能将文本中部分内容改写用于课堂写作任务中。

③认识到自身对食物的态度和行为中包含的社会责任感，真正做到心怀谦卑，感恩食物。

二、教学过程

Step 1 Lead-in

呈现美食图片、朋友圈晒美食、校园里浪费食物的图片讨论当下人们对食物的态度，引出话题。

【设计意图】用图片激发学生兴趣，教师在陈述图片的过程中输入内容和语言，为写作任务第一段做铺垫。

Step 2 Introducing the writing task

学生需要写一篇升旗仪式上的演讲，主题为感恩食物。通过提问引出三段结构的写作框架，即"陈述不感恩食物的现象、感恩食物的理由、感恩食物的措施"。

【设计意图】升旗仪式演讲的形式新颖有趣又贴近学生生活。通过提问引导学生得出"问题—分析—解决措施"的语篇模式。

Step 3 Writing a speech

Paragraph 1：Presenting the phenomenon

学生先阅读文本相关段落，学习文本中呈现现象的方法，即先描述具体的画面，再针对现象简单评论，最后提出整篇演讲的中心句。然后学生根据这一结构和导入图片内容完成第一段写作。

【设计意图】帮助学生将阅读文本中呈现现象的方式迁移到写作任务的第一段中，导入环节浪费食物的图片为学生提供写作素材，降低写作难度。

Paragraph 2： Giving reasons for appreciating food

先介绍段落的汉堡包结构（主题句、主体部分、结尾句）和论证方法，然后请学生找出阅读文本中感恩食物的两个理由，指导学生用假设的方式证明第一个理由，并通过圈出关键词及运用逻辑连接词将阅读文本中针对第二个理由的例子改写。在此之上，提供几个问题帮助学生打开思路，让学生小组讨论出更多理由，然后任选三个理由按照写作指导写出完整的第二段。

【设计意图】指导学生巧妙改写阅读文本中的内容，运用到写作中，并培养学生的思辨能力，在此过程中既丰富写作内容，又启发学生思考食物所承载的东西，意识到个人对待食物的态度和行为中包含着社会责任感。

Paragraph 3： Offering suggestions of appreciating food

首先进行写作指导：本段仍然遵循汉堡包结构，特别强调在结尾句中需要呼吁听众立即行动。主体部分的措施需要切合实际、操作性强、对各方有利（practical，workable，beneficial），并要结合第二段中的理由，力求与理由相呼应。然后笔者播放了一段视频并让学生说出视频中一些感恩食物的做法，接着通过小组讨论得出更多感恩食物的做法并写出完整的第三段。

【设计意图】指导学生在演讲的结尾需要呼吁听众发起行动及提建议时的注意点，通过视频给学生带来情感上的震撼和引导，也丰富了写作内容。

Step 4 Presentation and evaluation

实物投影展示部分学生作品，师生共同评价，再邀请一名同学模仿升旗仪式场景在教室前进行完整的演讲，使学生体验到成就感，同时进一步学习优秀作文。

【设计意图】利用实物投影和学生演讲让学生体验成就感，通过同学和自己习作的对比发现自己的不足，学习同学的优点，提高写作水平。

Step 5 Review and homework

提问学生总结本堂课所学写作方法，引出议论文写作的标准（Clear structure，Logical reasoning，Sufficient evidence，Appropriate language），课后根据写作标准修改自己的作品。

【设计意图】强化写作方法，通过议论文写作标准让学生更好地了解好的议论文的要素。

三、教学反思

①基于读写结合的写作任务设计要尽量贴合阅读文本，有利于学生将阅读文本的语言、内容、结构或写作技巧迁移到写作中，达到学以致用。

②写作任务的设计要贴近学生生活，能够帮助学生解决实际生活中的问题。

③写作任务的设计要关注情感目标，要对学生的价值观有正确的引导，增强学生的社会责任感，提高学生的素养。

写作不是无源之水，无本之木，而应建立在阅读之上，做到读写结合，相辅相成。[①]教师要充分根据阅读文章的内容和特点，将阅读中的信息整体内化，准确找到读写结合点，有针对性地设计写作任务，并引导学生将从阅读文章中习得的内容运用到写作任务中，使学生在提升写作水平的同时形成积极正确的价值观。

①文成钢，邢颖.读写结合模式促进高中英语有效写作教学的实例研究[J].中学生英语，2021（44）：42.

第五章　高中英语词汇课堂教学探索与创新

第一节　词汇课堂教学的内容与目标

一、高中英语词汇课堂教学的内容

高中英语词汇课堂教学首先应考虑的是词汇教学的内容。只有首先确定了词汇课堂教学的内容，教师才能围绕此内容有计划、有针对地组织词汇教学。

对高中师生而言，英语学习是外语学习，因而词汇教学不仅包括词的相关信息、意义、用法和语法这四个方面的内容，还要包括词汇学习策略的指导和学习。因此，下面从五个方面介绍高中英语词汇课堂教学的内容。

（一）词的相关信息

词汇信息既包括词的读音、词的拼写形式，又包括词性、词的前缀和后缀等。这既是英语词汇最基本的信息，也是高中生学习英语词汇时应该掌握的最基本内容。

词的读音和词的拼写形式是词的存在基础，同时是各词相互区别的第一要素。语言中的每个词都有它的声音形式。每个单词都有其形、音、义，而其中词的发音应居首位。所以教会词的读音应是词汇教学的第一步。因为如果词的读音不准确，就有可能会造成表情达意的错误。例如，如果把 vest/vest/读成 west/west/，词义就会由"背心"变成"西方"。可见，词的读音不正确极易影响别人对词义、句意的理解。因此，教师在教英语单词时，首先要教单词的发音，教会学生正确读音。正确地发音将有助于学生记忆单词。[1]

词的读音既是英语语音教学范围的内容，又是英语词汇教学范围的内容。在高中词汇课堂教学中，教师要注意将词汇的音与词汇的形统一结合起来进行教学。教师要引导学生将词汇的音、形联系结合起来进行记忆，从而做到见形而知音，因音而记形。例如，教师在讲解 bag/bæg/时，应该指出 a 在重读闭音节中发/æ/但书写时要写 a。此外，教师还要联系学生已学过的单词 maths、stand、black 等，以帮助学生加强记忆 a 在重读闭音节中的发音。

词的前缀、后缀是非常重要的词汇信息，也是高中英语词汇课堂教学的重要内容。词的前缀、后缀会影响单词的词义、词类，增加前缀后，单词的词义往往会改变。例如：前缀："se-"往往表示"一分为二"的意思；per 往往表示"每一个，一直"的意思；"a-、ab-、un-、dis-、im-"等前缀往往表示"不"的意思。而英文单词的后缀通常没有什么实际的含义，只是表示整个单词的词性。给单词添加后缀通常会影响单词的词性。

例如，bility 通常表示"动作，性质，状态"，able 通常表示"……的"。可见，了解、掌握词汇的前缀和后缀有助于学生理解、记忆和掌握这些词汇。

（二）词的意义

与词的相关信息相比较，词的意义要困难得多、复杂得多。从语意角度上来讲，母语与外语之间的差别使一些词汇的含义就其内涵、外延

---

[1]张海霞.高中英语词汇教学理论与实践[M].长春：吉林大学出版社，2018.

而言在英汉两种语言中不尽相同。词汇的意义包括两方面：一方面是指概念意义，也就是词典中所标注的意思，即词汇的字面意思，又称为词汇的外延；另一方面是指关联意义，即一个单词的文化含义以及在具体的语用环境下的意义，又称为词汇的内涵。

一个单词的含义很多情况下是受到上下文的影响和制约的。我们在理解单词的含义时，要结合词组、句子、上下文。因为如果离开词组、句子或上下文，就很难理解词的意思，特别是转义。例如，perform a surgery（做手术），perform a task（执行任务）。

由以上例子可见，同一个词汇有不同的关联意义，在不同的语境之中，其理解应该不同。可见，语境对于词汇含义的理解非常重要。因此，教师在高中英语词汇课堂教学中应通过各种手段使学生了解语意和情境之间的关系，使学生学会联系语境理解词义。

（三）词的用法

词汇的用法内容广泛，包括词汇的搭配、短语、习语、风格、语域。

词汇的搭配是高中英语词汇课堂教学中非常重要的部分。在具体的语境之中，一个词往往要求和某些特定的词汇搭配。例如：conclusion 要与 come to 搭配，而 decision 要与动词 make 或者 take 搭配；有些词组是固定搭配，不能混用，我们可以说"go to school""go to bed"，但不能够说"go to home"，"allow""permit""consider""suggest"等这类动词后不能接不定式，只能接动名词。学生熟悉所学词汇的搭配习惯，不仅有助于其灵活运用所学词汇，而且有助于提高其听、说、读、写、译的能力。

不同的词汇其使用场合也可能不同。有些词的使用非常普遍，在许多场合都可以使用，而有些词的使用范围则非常狭窄，在一些谈话中使用属于不礼貌的行为；有些词只能用于口语中，用在正式的语体中就不合适。例如 children、kids 和 offspring 的含义尽管基本相同，但是它们也有区别：children 为中性词，既可以用于口语，又可以用于书面语；而 kids 为非正式用词，一般用于口语中；offspring 则是正式用词，一般用于书面语中。

虽然有一些英语词汇能够适用于不同场合，但是，即使一个词语适用于不同场合，其意义通常也会因为使用场合的不同而有所差别。例如，我们通常都会用hot形容热，这是在书面语中的用法；如果用在口语中，意思就完全不一样了，比如我们说"That is a hot guy."在这里"hot"是形容一个人身材或是长相很吸引人。词汇还有褒义和贬义之分，例如，politician 和 statesman 都表示政治家，但前者有贬义。词汇也有抽象和具体之分，例如，clothes 与 coat 都表示服装，但是前者表示"衣服"，而后者指"外套、大衣"，后者表意比前者更为具体。

一般来说，高中生在学习词汇时，主要依靠记忆词汇的基本信息，即词汇的音、形和义，但词汇用法则需要通过大量的实践来进行学习和掌握。

（四）词的语法

高中英语词汇课堂教学的内容还包括词汇的语法特点，简称词法。词法包括名词的可数与不可数，动词的及物与不及物，及物动词的句法结构等。例如，接什么样的宾语，是接不定式还是动名词，是从句还是复合宾语等，还有形容词、副词的位置等。教师讲解单词的语法特点时，应根据需要指出它的词类。如果单词是名词，要指出其单、复数形式，以及其复数的构成方法；如果单词是动词，则要指出该动词的词形变化。如果一个单词是具有双重词性的词，也可加以说明。例如，单词 like 有两种词性，一是动词，此时 like 是及物动词，其句法结构为 like+doing 和 like+to do；二是介词，此时单词后面要加代词、名词或名词性短语。再如，swim 一般是动词，但在"We stopped there for a swim"中，swim 是名词。

（五）词汇学习策略

教学的目的不只是传授知识，更重要的是培养学生的能力。也就是说，教师在教学中应侧重向学生传授学习技巧、学习策略，在词汇课堂教学中也不例外。高中英语词汇课堂教学中应该培养学生词汇的记忆技巧和学习词汇的策略。

根据词汇学习的特点，词汇学习策略可以分为以下五种：

1.调控策略

调控策略属于元认知策略。词汇学习中的元认知策略指对整个词汇学习进行计划、实施、反思、评价和调整，以及资源的使用和监控等。

2.认知策略

这是指为完成具体学习任务而采取的行为和方法，包括猜测词义、记笔记、利用上下文等。认知策略主要用于理解词义和了解词形阶段。

3.记忆策略

记忆策略指帮助高中生记忆单词的策略，例如根据构词法、上下文和分类方式记忆单词等。记忆策略主要用于单词的巩固记忆阶段。

4.资源策略

资源策略是指通过接触新词帮助高中生增加词汇量的技巧和方法，例如利用课外读物、音像制品、网络、广告、字典等方式学习词汇。

5.活动策略

活动策略是指通过高中英语词汇课堂教学中组织真实的或模拟的语境运用词汇，如讲故事、写信与他人交流沟通等。活动策略主要用于活用词汇阶段。

以上这五种词汇学习策略在高中英语词汇课堂教学中是不可缺少的，这五种策略也是相互促进的。

二、词汇课堂教学的目标

美籍德国学者劳佛尔经过研究认为，外语学生在学习外语时，如果所学外语词汇量达到5000个，其阅读一般报刊图书的正确率是59%；如果词汇量达到6400个，则阅读正确率可达63%；如果达到9000个，阅读正确率就可达到70%以上。可见，词汇量的大小与阅读能力的强弱有着紧密的关系。因此，我们可以说，英语词汇量的多少标志着英语水平的高低以及英语应用能力的强弱。

学生的词汇学习过程是一个不断递进、不断循环的语言技能发展过程。英语词汇学习既包括知识的学习，又包括技能的学习，而且对知识和技能的学习不仅有量的要求，还有质的目标。与英语的其他教学目标相比，高中英语词汇课堂教学的目标更为具体和明确，无论是中小学的课程标准，还是大学的英语课程教学要求，或者是高等学校英语专业英语教学要求，都对词汇教学提出了明确的数量要求以及一定的质的要求。一般在高中词汇课堂教学中，教学目标如下。

（一）在高一高二应达到的目标

第一，了解词汇包括单词、短语、习惯用语和固定搭配等形式。第二，理解和领悟词语的基本含义以及在特定语境中的意义。

第三，运用词汇描述事物、行为和特征，说明概念等。

第四，学会使用1500—1600个的单词和200—300个习惯用语和固定搭配。

（二）高三及高三毕业应达到的目标

第一，运用词汇理解和表达不同的功能、意图和态度等。

第二，在比较复杂的情况下，运用词汇给事物命名、进行指称、描述行为和特征、说明概念等。

第三，学会使用3300个左右的单词和400—500个习惯用语或固定搭配。

第二节　词汇课堂教学的原则与策略

高中英语词汇课堂教学是英语教学中较难把握的项目，同时也是英语教学的重要内容。甚至可以说，英语教学的成败取决于词汇教学的成败，而词汇教学的成败取决于词汇教学原则和词汇教学策略的实施。因此，我们必须明白高中英语词汇课堂教学应该遵循哪些原则，采取哪些教学方法才能够取得较好的教学效果。

一、词汇课堂教学的原则

在高中英语教学中,每一个项目都有其教学原则。这些原则可以指导教师和学生更好地进行词汇的教与学,有助于提高英语教学的效果。下面我们总结一下词汇教学的原则。

（一）高中英语词汇课堂教学的直观性原则

在英语教材中，大部分词汇都是活用词汇。具体地说，大部分都是一些常见常用的词汇，或者说是与可以直接观察到的事物相联系的名词、动词、形容词和人称代词。因此，在高中英语词汇课堂教学中，教师可以设计各种各样的语言环境，以直观的形式把枯燥的词汇展现出来。

直观化的教学形式可以促使学生将英语与客观事物联系起来，带领学生置身于具体的环境之中，集中吸引学生的注意力，激发学生的英语学习兴趣和积极性，有助于学生理解所学词汇的含义。教师可以借助多种手段使词汇教学直观化，例如可以利用实物、音像、模型、标本、幻灯、简笔画等形象性教具或者形象生动的语言来教授英语单词。英语教师可以选择以下三种直观教具教授词汇。

1.实物直观

实物直观即要求教师注意利用教室的环境就地取材，或提前准备物品直观呈现语言项目。

2.形象直观

主要指教师运用模型、图片、卡片、简笔画、电教设备等模拟实物的形象来呈现语言项目。

3.言语、动作直观

主要指教师充分发挥听、说、唱、做、演、画等多种才能，通过生动的语言、丰富的表情、形象化的动作吸引学生的注意力，帮助学生理解单词，识记语言项目。

通过这些直观手段的运用，教师能够充分调动高中生多种感官的参与，使他们在看得见、听得到、摸得着的教学过程中学习单词、发展思维、培养能力、刺激记忆。

（二）高中英语词汇课堂教学的情境性原则

传统的词汇教学通常是先教词的读音、拼写，再解释词的构成及其语法范畴，然后罗列词的各种意义和用法，最后进行造句练习。这种将单词的读音、拼写、语法、意义、用法和运用相互孤立的教学方法容易让学生感到词汇学习枯燥无味，不仅不利于学生理解和掌握所学的单词，而且还可能使高中生对英语词汇学习失去兴趣和积极性。在实际的语言交际中，人们表达思想通常都是以句子为单位来进行的，而词只不过是句子的组成部分。因此，词汇的教学不应该是孤立的，而应该做到结合句子、语段进行教学，更要设置情境，借助情境来进行词汇教学。只有结合情境的高中英语词汇课堂教学才能使学生通过具体的语言材料来理解词义，掌握词的用法。此外，词的许多语音特征、变化规律以及不同意义的展示也只有在句型情境中才能综合地体现出来。在情境中教单词，不但可以帮助学生理解词义，加强记忆，而且有助于学生把所学单词在交际中恰当地使用。因此，教师要根据教材内容，千方百计地创设语言环境，使学生置身于一定的语言情境之中，从而使学生能够处在较为真实的情境中进行多种语言练习。

（三）高中英语词汇课堂教学的综合性原则

这里的综合性原则是指将一个单词的形、音、义结合起来进行教学。每一单词都包括形、音、义三个要素。形，即拼写，是词的书写形式；音，即读音，是词的语音形式；义，即词汇意义和语法意义，是词的含义。这三个要素并不是相互孤立的，而是相互联系、相互影响的。因此，在进行词汇教学时，必须将这三个要素结合起来，进行综合性教学。在将一个单词的音、形、义结合起来进行高中英语词汇课堂教学时，为了提高词汇教学的效率，教师还应该采取一些策略。

第一，对单词的形、音、义进行归类，抓住词汇在形、音、义方面的特征，提高单词记忆效率。我们在记忆单词的过程中既要把音、形、义三者作为一个有机结合的统一体来处理，又要看到这三者之间的关系错综复杂，既有统一的一面，又有不统一的一面。而这些形、音、义不统一的现象就应该是词汇学习的重点。

第二，我们还可以结合词组、句子进行词汇教学。对于有些单词，如果孤立地记忆它们的音、形、义，学生会觉得很困难。但是，将它们放在一些词组和句子中，就可以增强对此词汇的理解记忆，提高记忆效率。

（四）高中英语词汇课堂教学的系统性原则

综合性原则是指将每个单词与其他单词联系起来，将一个单词置于整个单词系统之中进行综合教学。

英语词汇总量虽然有上百万个，但是其基本成分是有限的，都是以26个字母为基础排列组合而成的。因此，无论是单词的音、形，还是单词的意义，每个英语单词都与其他英语单词有着千丝万缕的联系，每个单词都是整个英语词汇系统的一分子。因此，教师在高中英语词汇课堂教学中要向学生展示英语词汇的系统性、联系性，使学生掌握英语词汇在各方面的变化规律和转化规律，使机械记忆变为理解记忆。教师在备课时应研究新词和旧词之间的联系，通过这种联系复习旧词汇、学习新词汇。

教师之所以能够利用单词结构之间的联系教授英语是因为词与词之间存在同前缀、同后缀、同词根等几个方面的结构联系。这种联系的学习方法不但可以使学生较快地记住单词，巩固旧词，而且可以帮助学生养成通过推理思考学习的习惯，使学生有限的词汇知识转化为无限的生成单词的能力。

（五）学以致用原则

学习词汇的目的在于交际，因此教师在词汇课堂教学中讲解词汇时，要注重词汇的应用。为了达到学以致用的目的，教师应该创设多种情境，寻找多种方法，多为高中生提供应用所学词汇的机会。因为词汇只有在交际中才具有活力，而且只有在交际中应用所学词汇，才有助于学生加深对词汇的理解和记忆。

教师在鼓励学生对词汇学以致用的过程中要注意以下几点：

第一，鼓励学生建立起自己的词汇联想。

第二，根据人的记忆特点以及遗忘规律，增加词汇的复现率。

第三，组织符合学生特点的活动，使学生在活动中运用词汇，进而掌握词汇。

第四，掌握词汇练习的节奏，确保练习的质量。

（六）循序渐进原则

英语教学是一个循序渐进的过程。同样，高中英语词汇课堂教学也是一个循序渐进、逐步递进的过程。英语词汇总数达到上百万，并且有些简单，有些复杂。因此，词汇教学应该遵循循序渐进原则，而不能毫无层次、毫无系统地进行教学。讲解词的意义和用法应由少到多、由易到难、由浅入深。词汇初次出现时不应该超出所学材料的范围；随着教材中新词义和新用法的出现，逐步扩大范围，加深认识。在词汇学习起始阶段，要由旧到新，即在学习新的意义和用法前复习已学的意义和用法；不能超越学生的英语水平，即不能提前讲授学生尚未接触到的词义和用法。总之，高中英语词汇课堂教学要步步为营、层层递进、循序渐进，不能追求一蹴而就，一下子向学生讲解一个词的所有知识。同时，当学生达到了较好的词汇理解程度时，应尽可能地拓宽学生的知识面，使学生了解到一个单词的多种用法，掌握一个单词在不同语境中的不同用法。

（七）重复性原则

"学得快，忘得快"，这是当前高中英语学习过程中的通病。这一通病存在的原因是未能及时复习巩固、未做到反复练习。根据德国著名心理学家艾宾浩斯的遗忘曲线规律：遗忘的进程是不均衡的，在识记后最初的一段时间遗忘得比较快，而后逐渐变慢，在识记后相当长的时间后，几乎就不再遗忘了，这就是遗忘的发展规律，即"先快后慢"。一般来说，第一天遗忘速度最快，学得的知识在一天后，如不抓紧复习就只剩下原来的25%。随着时间的推移，遗忘的速度减慢，遗忘的数量也就减少了。到了第六天后，遗忘就很少发生了。也就是说，如果学生学习的新知识到第六天还没有被遗忘，那么很有可能会永远记住它。可见，尽管遗忘是自然而然地发生的，但是防止或减少遗忘也是可能的。要使学生牢固地记住词汇，教师不仅要教给学生一定数量的单词，而且要帮助学生与遗忘做斗争，通过反复练习掌握所学的单词。有些教师认为教单词是教师的工作，而记单词则是学生的任务，这种想法是非常片面的。教师在教授单词后，只是单纯要求学生通过多遍抄写和背诵来记忆单词，难以帮助学生掌握词汇。在学习单词后，在一定时间内反复进行听、说、读、写、译多种形式的练习活动，才能做到加深对单词的理解，巩固对单词的记忆，最终学会灵活运用。因此，教师在教完新单词后，要尽早指导学生对所学单词进行复习，让学过的单词有计划地、系统地复现在高中英语词汇课堂教学活动中，提高单词的重复出现率，达到巩固记忆的效果。

（八）文化性原则

语言是文化的载体，词汇结构、词义结构和搭配都与该语言的文化相连。在不同的语言中，词语的意义完全相同的情况很少。即使词语的概念相同，所表示的意义在不同的语言中也会有所不同。高中英语词汇课堂教学应该引导学生由意义到文化，由文化到思维，这样可以使学生掌握词义演变的规律，从而全面掌握词汇的意义，进而有效地进行跨文化交际。因此，词汇教学不能只停留在词汇的字面意义，还要引导学生了解词汇的文化意义。

二、高中英语词汇课堂教学的策略

词汇课堂教学是高中英语课堂教学的重要组成部分，而词汇课堂教学的策略直接影响着词汇教学的效果。[①]从词汇课堂教学的过程、结果以及词汇课堂教学的内外条件来看，词汇课堂教学的策略与词汇学习的积累、记忆、理解和运用紧密相关。一般而言，人们将词汇课堂教学策略分为词汇呈现策略、词汇记忆策略、词汇应用策略和词汇评价策略。另外，对我国学生而言，还要有学习词汇的策略。下面我们对这些策略进行介绍。

---

①章玉芳. 基于词汇框架的高中英语词汇教学策略[J]. 英语学习，2021（4）：17-21.

（一）词汇呈现策略

高中英语教师进行词汇教学时，首先要呈现词汇，让学生认识词汇。不同的教师呈现词汇的方法各不相同，而且教师在具体的教学过程中选择合适的词汇呈现方法时，应该考虑词汇特点、学生的年龄和水平等因素，以求取得最佳的词汇课堂呈现效果。下面我们对几种比较有效的词汇呈现策略进行介绍。

1.直观性策略

采用直观性策略进行词汇教学有助于学生理解词汇，加深学生对词汇的记忆。直观性策略既包括采用实物、图片、录像片段等生动形象的直观事物呈现词汇，又包括教师采用肢体语言和表情呈现词汇。下面我们对这两类直观性策略进行介绍。

（1）利用形象事物

在高中英语词汇课堂教学中，教师要善于利用形象的事物辅助教学，以提高词汇教学的效果。教师可以利用实物辅助教学。例如，教单词时，可以把相关实物呈现在学生面前，学生边看着实物边记忆单词，就可以加深对单词的印象。

教师还可以使用图片、简笔画等辅助英语词汇课堂教学。图片的使用可以让学生对一些难以想象的东西进行直观理解，有助于提高学生的英语语言交际能力。例如，在教动物类单词时，教师可以先把有关动物的图片贴在黑板上，再在旁边写上相应的单词。这种方式可以提高学生的注意力以及学习积极性。

此外，教师还可以利用录像、投影、课件等多媒体设备辅助词汇课堂教学。这些现代教育技术的使用不仅可以给学生提供视觉新感受，而且可以帮助学生掌握正确、自然的语音、语调，课件的使用可将画面由静变动，加深学生对语言的理解和情境的把握。

总之，利用这些形象化的事物辅助高中英语词汇课堂教学，可以将所学单词及其相应的意象直接联系起来，不仅有助于学生理解单词、记忆单词，而且能够激发学生的学习兴趣，从而提高学习效率。因此，教师在教学中应该善于利用这些形象直观的事物辅助词汇课堂教学，以提高词汇课堂教学的效率和质量。

（2）借助动作、表情、声音等

在词汇课堂教学中，教师还可以借助肢体语言和表情呈现词汇。在课堂上，教师的一举一动都可以轻易地吸引学生的注意力。因此，教师可以使用形象幽默的肢体语言和丰富直观的面部表情使枯燥的高中英语词汇课堂教学变得生动活泼，使词汇课堂教学达到事半功倍的效果。教师可通过动作、表情、声音等呈现单词，表达单词的意思，如 go、come、run、small、large、cry、smile、laugh、sneeze 等。开始时，学生会通过模仿教师的动作、读音学习单词，进而学会自由发挥，用自己的方式向教师和同学表达单词的意思。

当然，老师在运用肢体语言时要特别注意尺度，太拘谨表达不出意思，太夸张则会弄巧成拙，这都达不到教学的效果。总的来说，利用肢体语言和表情呈现词汇是十分有效并且有趣的词汇教学方法。这种方法简单易用，可以有效激发学生的学习积极性，并帮助学生有效记忆单词。因此，教师可以将这种方法广泛地应用于英语教学当中。

2. 语境策略

语境即上下文，也就是词、短语、语句或篇章及其前后关系。英语词汇中，同一个单词往往有多种含义，一个词在实际应用中的含义通常要结合其语境进行理解。同一个词汇在不同的语境中会有不同的意义，例如，white 既可以表达"白色"，又可以传达"纯洁""信任"等含义。因此，教师在教词汇时应该通过上下文展示词汇。例如，教 well 的名词时可以给出句子："Don't forget who dug the well when you drink water from it."将所要记忆的词汇置于一定的语境中，在词汇之间建立语意联系，让学生通过语境猜出单词意思，这样学生对单词的记忆不仅准确，而且会长久。教师可以先提供一个语境，让学生猜测词义，再提供正确的词义。

3. 情境策略

词汇的情境性是指词音、词义、词形的结构和搭配用法等都具有很强的民族性，受到社会文化环境、言语情境的影响。由于社会文化环境、地理环境的差异，不同的文化历史背景所形成的思维方式也各有不同。

实践表明，在英语学习中，某种具体环境有助于人们记忆与此相关的某些内容。因此，教师要在具体的实际生活情境、模拟交际情境、直观教具情境以及想象情境中进行高中英语词汇课堂教学。结合情境讲解单词不仅可以激发学生的兴趣，便于学生记忆所学的知识，而且有助于学生在交际中恰当地使用所学知识。

例如，教师在教授有关圣诞节的单词前，可以找一些关于圣诞节的图片、歌曲、视频等素材做成多媒体课件，在旋律动人的圣诞歌以及生动形象的圣诞节图片、视频的影响下，同学们开始学习关于圣诞节的词汇。在这样的情境中，可以使高中生的学习兴趣在不知不觉中得到提高，学生能充分进入角色并感受到圣诞节的气氛，从而依靠这个情境掌握有关圣诞节的词汇。

总之，教师要善于创造合理有效的情境，在情境中进行高中英语词汇课堂教学，并注意正确处理传授词汇知识与培养学生运用词汇进行交际的能力之间的关系，使词汇教学贯穿于实际的或模拟的听、说、读、写等交际活动中，把课堂当成实践场所。

4.解释与举例的方法

在高中英语词汇课堂教学中，解释和举例的方法也是呈现词汇的常用方法之一。这一方法对呈现比较抽象的词汇或专有名词特别有效。英语解释法是用简单的、学生熟悉的词汇来解释新的单词，使学生利用自己原有的知识掌握新单词的听、说、读、写。使用简单的英语解释单词一方面便于学生理解和掌握新的单词，另一方面训练了学生的听力，同时还可以使旧单词得到反复重现，使学生加深对旧单词的记忆。对那些意义抽象的词汇，教师除了解释还可以用举例说明、翻译的方式进行讲解，这样学生能更轻松地掌握词汇。

5.利用构词法及常见的词缀

英语词汇量十分庞大，但它本身并非无迹可循，而是有其内在规律的。构词法就是英语词汇的内在规律之一，掌握基本的构词法有助于学生在英语学习中突破单词记忆的难关。有人统计，如果一个人学了80个英语词根和50个词缀，那么他就可以掌握10万个以上的英语单词。如能将同一词的所有派生词一起记忆，记忆就会变得轻松。因此，教师要善于利用词根、词干、前缀、后缀、合成、转化等教授新单词，有效扩充高中生的英语词汇量。

6.利用同义词或反义词

利用同义词或反义词来呈现词汇能大大降低学生对所学单词的遗忘率。因此，在日常的教与学过程中，教师要学会利用同义词或反义词解释新词。比如，用 wonderful 引出同义词 terrific，用 warm 引出其反义词 cool 等。反义词在英语中随处可见，如 clean 与 dirty，wet 与 dry、first 与 last、go 与 come、put on 与 take off 等。英语单词的同义词并非绝对的。例如，在不同的上下文中，nice 的同义词可能是 pleasant、kind、fine。根据这个特点，我们不能孤立地判断词的同义词，而应把它放在句子中来判断是不是同义词。

可见，利用单词的反义词和同义词呈现词汇也是一种有效的呈现策略，有助于高中生理解单词、记忆单词，并掌握单词的运用方法。此外，还可以有效扩展高中生的词汇量。

7.利用词汇的上下文关系

利用词汇的上下文关系呈现单词有助于高中生明确词汇间的意义关系并掌握词义。因此，这也是一种有效的词汇呈现策略。在日常教学活动中，教师可以经常让学生进行词语归类。

8.利用词块呈现词汇

单独呈现词汇不便于高中生理解单词，更不便于学生掌握单词的用法。而利用词块对英语单词进行教学，则有助于学生理解单词、掌握单词的用法。

词块就是词与词的组合，是一个多词的单位，一般指出现频率较高、形式和意义较固定的大于单词的结构。词块的结构比较固定，可以做公式化的反复操练。利用词块进行英语词汇课堂教学就是将单词与词汇搭配、固定用法及词汇类别结合起来，一起教给学生。词块可大可小，小到一个词，大至一个句子。词块在结构、语义上具有整体性，学生掌握一个词块就可以掌握较多的单词。词块具有较强的语用功能，以词块为单位进行语言学习可以避免由于不符合语境而出现的错误。例如，在教come across时，要将它们置于具体的句子中，用其他同义、近义的词汇解释，而不可单独解释其中的任何一个词。在"I came across something."中come across=met with。可见，利用词块呈现词汇不仅有助于学生扩大词汇量，而且有助于学生理解单词及其用法，同时还可以激活学生的语言表达能力。因此，教师在高中英语词汇课堂教学中要善于利用词块呈现词汇。

9.分析易混淆词汇及常见错误

英语中有许多单词不仅词形相近并且词义相近，学生在学习和使用这些单词时容易误解、误用。因此，高中英语教师在词汇教学过程中要善于及时发现学生可能误解、疑惑的词汇，给予重点呈现和讲解，帮助学生正确理解和使用这些易混淆的单词。例如，对于form与from、advice与advise、hard与hardly、invent与invite、decide与divide、choose与choice，是常被学生混淆的单词，教师要及时加以对比，并对常见错误进行分析，帮助学生加深对它们差别的认识，避免用错单词、写错单词。再如，divide与separate，tell、say、speak与talk，join与take part in等常用的同义词或词组也非常容易被误解、误用，教师应该及时帮助学生弄清楚它们之间的异同点，以便在实际运用中能正确使用。

（二）词汇记忆策略

容易遗忘是英语词汇学习的一大难点。可以说，学习英语单词的过程就是与遗忘做斗争的过程。所以，了解词汇记忆的特点对研究词汇的高中英语词汇课堂教学策略有十分重要的意义。学生对词汇的记忆具有如下特点：

第一，分散记忆比集中记忆更有效。比如，将一组单词分作6次记忆，每次10分钟，其记忆效果将比一次学习60分钟更佳。因此，高中英语教师在英语词汇课堂教学中要注意培养学生分散记忆单词的习惯，避免学生形成一次大量记忆的习惯。第二，学生倾向于一次只将一种形式与一种功能联系起来。换句话说，如果一个单词具有多种功能，教师不要一次同时介绍该词的所有功能。第三，学生容易将意思或者结构相同或相近的单词相混。他们常会为同义词辨析而头痛。第四，学生在学习中越是活跃，记忆效果就越好。比如，参与"全身反应法"的课堂活动有助于提高学生学习和记忆词汇的效果。因此，高中英语教师在英语词汇课堂教学中要善于调节气氛，使学生在一种活跃的课堂气氛中进行学习，以取得更佳的记忆效果。第五，在记忆过程中投入智力和情感可以加强记忆效果。在单词记忆过程中，听和朗读对单词记忆有所帮助，但是如果速度太快则会流于表层，出现左耳朵进右耳朵出的现象。而且，仅仅依靠听或大声朗读对单词记忆的作用是非常小的。如果学生能运用所学单词，则对语义和用法的记忆将比仅仅通过听、读和翻译要轻松和长久。第六，学生的需求和兴趣在单词的学习和记忆中起着十分重要的作用。对于自己不需要的、不感兴趣的东西，或者是那些与自己毫不相干的东西，学生学习时会变得被动，难于吸收，所学的单词也难以在记忆中保存。在词汇的记忆中，人们发现若要使新学词汇进入学生的永久记忆，需要学生的主动投入。因此，高中英语教师要想方设法激发学生的兴趣，以提高学生的词汇学习效果。

以上是词汇记忆的特点。下面我们介绍一些常用的英语词汇记忆策略。

1. 兴趣记忆策略

兴趣是影响学生英语学习积极性和英语学习效果的一个重要因素。兴趣能够引导学生积极、主动地投入学习活动中。例如，有的高中英语教师在区别 Mary、merry、May、marry 这 4 个单词时，设计了这样一个句子："Mary, I'm so merry.May I marry you?"（玛丽，我太高兴啦。我可以娶你吗？）通过这个朗朗上口且妙趣横生的句子，学生对这 4 个单词的意义不但区分细致，而且还熟记于心。英语中一词多义的现象非常常见。为了帮助学生记忆、掌握一个单词的不同意义，教师可以精心设计一些例句。

2. 最佳时期记忆策略

人们对知识的记忆可以分为不同种类。记忆分为瞬时记忆、短时记忆和长时记忆三种。任何知识的学习都始于瞬时记忆，来自感觉和知觉的语言信息必须首先在短时记忆中进行加工才能进入长时记忆，而长时记忆中的信息只有被激活后才能进入短时记忆，也才有可能被提取、利用。短时记忆的容量有限，一般为7±2个项目，项目单位可以是字母、数字、单词、音节等。短时记忆的单位组块的伸缩性较大，高中英语教师要帮助学生充分利用上课的时间，记忆更多的单词。教师要善于指导学生利用最佳记忆时期对单词进行记忆，以加强记忆效果。

3.阅读记忆策略

前面我曾经提到，同一个词汇在不同的语境中会有不同的意义。因此，高中英语教师在教授词汇时指导学生结合语境记忆单词，可以有效提高学生对单词的记忆效率。

结合语境记单词的主要开展方式是阅读，学生可根据材料中提供的上下文语境来记忆单词。这样不仅有助于学生准确地理解单词的意义，而且有助于学生掌握单词的运用。在阅读训练中有精读和泛读之分，教师应该有意识地引导学生有目的、有针对性地进行阅读训练，在阅读训练中识记一些新的单词，同时巩固已经学过的词汇。

4.猜测记忆策略

猜测记忆策略的实施分为五步：①仔细看单词，确定词性，即确定单词是名词、动词还是其他。②看上下文语境，例如含有生词的从句或句子。③研究从句的关系，如原因、结果、比较、例证等。④在以上三个步骤的基础上猜测词意。⑤检查猜测的结果。研究表明，外语学生在掌握了大约2000—3000个单词以后，就能用已经掌握的阅读技巧来推测新词汇的含义。运用猜测记忆策略能够帮助学生成功地学习大批新单词。不过，猜测记忆策略并非学生天生具有的，而是需要依靠大量实践来获得的。

根据从句猜测中心词的意义是常见的方法。在阅读理解中，有的从句是对中心词的解释。因此，当我们不能确定该中心词的意思时，就可以根据从句进行大致的判断，猜测单词的含义。

5.拆词记忆策略

拆词记忆策略就是利用前缀、后缀和词根等来理解单词的意义。这种策略需要高中生具备一定的构词知识。因此，这项策略尤其适合语言水平较高的学生。总的来说，这项策略的运用需要学生掌握三种技能，即首先能将遇到的生词分为几个部分，并通过分析找出词缀和词根，然后学生需要了解各个组成部分的意义，最后要能够理解各部分的意义与生词在词典中意义的联系。

6.归类记忆策略

分类就是将同类的词汇按其语义、用法、构成、搭配等进行分类组合。分类记忆的方式符合人们的记忆习惯和记忆规律，因而是一种有效的记忆手段。高中英语教师可以指导学生将单词进行归类来记忆。常见的归类方法通常有以下几种：动词短语，固定搭配，成语、俗语，句子结构，语篇衔接语等。

7.联想记忆策略

认知心理研究认为，词汇不是孤立地储存在学生的记忆中的，而是通过联想储存和记忆的。联想是建立在词汇之间联系上的思维方式。建立在词汇间的联想包括纵聚合关系联想和横聚合关系联想。前者是指依据句中词汇的纵向关系所展开的联想，相同结构、相同句法功能的词汇有替换关系，掌握了词汇的纵向关系就能够有效地提升词汇的表现力。替换练习的理论基础就是词汇的纵聚合联想关系。后者是指根据单词的搭配所进行的联想，包括名词与形容词的搭配、动词与介词的搭配等。常用的联想记忆策略有：①根据因果关系进行联想。②根据先后顺序进行联想。③根据事物特征进行联想。

8.词汇图记忆策略

词汇图记忆策略就是利用词汇的话题归属、范畴类别、词性等制作词汇图，帮助高中生记忆词汇。构成词汇图通常有以下两种方式：

（1）按题材构成词汇图

这是指把同一话题下经常出现的词汇归在一起。

（2）以某一中心词归类构成词汇图

这是指以某一词为中心，利用联想，尽量结合归纳并扩展与该中心词有关的词汇。

词汇图可以利用话题中词汇的关联性把相关词汇直接联系起来，这可以帮助高中生记忆词义、用法，对于阅读中理解词汇、写作中运用词汇都有直接的帮助，还可以帮助高中生在任何场合回忆所记忆的词汇。

9.其他记忆策略

以上是一些常见的词汇记忆策略。下面我们再介绍一些其他的词汇记忆策略。

（1）翻译记单词

即在高中词汇课堂教学中适当利用母语对新的单词进行翻译，以便学生学习和记忆词汇。例如，依靠母语注释来学习和记忆单词。学生可以运用单词卡片学习单词，在卡片的一面写上目的语，另一面则注上母语，不断相互翻译，增强记忆。

（2）唱童谣和歌曲记单词

让高中生一边唱童谣或歌曲，一边做动作，可以避免死记硬背，从而激发学生记忆单词的积极性，不仅优化了记忆的过程，而且提高了记忆效果。因为有节奏伴随，朗朗上口、轻松愉悦，内容很容易被储存。

（3）语料库的利用

利用语料库检索某个词汇便于高中生观察和归纳词汇的用法，做到举一反三，温故知新，有助于学生复习旧单词，记忆新单词。

词汇记忆是词汇学习的难点。遵循一定的词汇记忆原则可以提高词汇记忆的效率。词汇记忆原则有以下三个：①听、说、读、写各项技能并用，只有这样才能更高效地记住单词。②通过词组、句子学习词汇，也即词不离句，句不离篇。③贵在坚持。研究发现：如果仅靠听来记忆单词，3小时后保持70%，3天后只保持10%；若只靠读，3小时后保持72%，3天后保持20%；若听与读相结合，3小时后能保持85%，3天后能保持65%。

如果高中英语教师能够根据这些研究成果指导词汇课堂教学，就可以有效提高词汇课堂教学的效果。

（三）词汇应用策略

任何一门语言包含的知识量都非常丰富。就英语而言，其词汇量十分大，高中生学习英语词汇是一个漫长的持续过程。因此，学生需要在英语学习的过程中不断巩固已经学过的词汇。对很多学生而言，巩固词汇要比学习新词难得多，常听学生抱怨学过的单词总是忘记，他们不断地学却不断地忘，这是因为学生对所学的单词缺乏运用。词汇运用是词汇学习中最为重要的部分和环节，如果缺少运用环节，学生即便是暂时记住了词汇，由于没有通过运用得以巩固，也将导致学生无法真正掌握词汇。因此，高中英语教师应根据所教词汇的特点，结合学生的具体情况设计一些词汇应用的活动。

1.看图描述

看图描述可以用多种具体方式进行。例如：说说画画记单词，即由一个学生根据所给词汇，描述其特征但不能读出该词，另一个学生判断并说出该词；贴标签记单词，即学生用所学的英语单词给图片中的有关物体贴上标签，完成最快的、正确率最高的视为胜者；示图记单词，即学生在拿到不同的图片之后，通过问答，用英语说出各自图中所示不同的物品名称；说词画图，即由一个学生手持图片，另外一个学生手持张空白纸和一支笔，手持图片的学生尽量用所学单词来描述图片内容，要求同伴根据他的描述在空白纸上画出来。也可以由英语教师选择一些图片，让学生尽量用所学单词加以口头或笔头描述。选择的图片要内容丰富多彩，并具体直观，而不是抽象的。

2.排列字母组成单词

即让学生在一个词或一串字母中找出尽可能多的词汇。这种练习有助于高中生准确掌握单词的拼写。

3.单词归类复习词汇

在高中英语词汇课堂教学中，英语教师准备好一些不同类型的单词，请学生将不同类型的那个单词找出来。

4.利用联想巩固词汇

高中英语教师说出一个词语，如 travelling，学生在规定时间内写出和 travelling 相关的所有词，看谁写得最多。这种联想的方法可以使学生把词汇记忆置于一个大的意义环境之下，而且联想的组合越紧密，越有利于词汇的记忆。另外，这种词汇巩固方法还可以帮助学生熟悉相关话题的词汇，从而有助于学生提高写作能力与交际能力。

5.利用语义关系练习词汇

利用语义关系练习词汇的方法很多。下面是适合高中英语教师的一些常用方法。

第一，用语义场所形成的系统记忆单词。语义场是指词汇根据其意义的内在联系形成的一个系统（场）。将词汇根据需要分类形成一个个小系统，有利于整体记忆、扩大词汇量。用语义场所形成的系统记忆单词，有利于高中生在表达时使用和替换词汇。

第二，利用同义关系和反义关系巩固单词。教师向学生提供一组词汇，告诉学生其中包含若干组同义词和反义词，然后让学生将这些同义词和反义词分别列出，并根据语义对它们进行讨论。

第三，利用聚合关系和组合关系巩固词汇。

第四，利用全体与部分的关系记忆单词。

第五，利用词和概念的上下义关系记忆单词。

第六，利用构词法如词根、词干、前缀、后缀等复习一大批相关词汇。英语词汇总量虽成千上万，但基本构词成分却是有限的。有的通过加前缀、后缀构成派生词；有的通过单词的组合构成合成词；有的通过读音的变化成为新的词语等。这些构词法对于单词的记忆和学习很有帮助。因此，教师要注重构词法的教学，使高中生掌握并扩大词汇量，从而在很大程度上提高词汇课堂教学的效果。

6.用词造句练习词汇应用

高中英语词汇课堂教学中，在造句之前，高中生首先要弄清所学词的意义，研读教材和词典给出的例句，然后通过模仿例句，灵活而有规律地变化部分句子成分。记忆典型例句并辅以造句等实践训练的效果比单纯记忆孤立的单词要好得多。通过造句，学生可以明确词汇的词性及用法，这样更有助于记忆词汇，并灵活运用所学词汇进行表达交流。因此，造句是记忆、积累和掌握单词非常有效的方法。

7.配对成词

配对成词就是在高中英语词汇课堂教学中将词一分为二，让学生将它们配对连接。

8.接龙游戏

接龙游戏包括字母接龙、句子接龙或扩写句子。在高中英语词汇课堂教学中加入适当的游戏活动，可以使学生们在轻松和谐的课堂气氛中练习词汇应用。字母接龙游戏就是用每一短横线表示需要填一个单词，每个单词最后一个字母是下一个要填的单词的首字母。进行字母接龙游戏有助于学生记忆单词的拼写形式。句子接龙游戏可以把所学单词复习一遍。扩写句子既可以练习词汇，又可以练习语法和句型。例如，教师将一个单词，如 surrender，写在黑板上，然后按照座位顺序，让第一个学生用这个单词的结尾字母 r 为下一个单词的首字母进行接龙，这样依次接下去。需要注意的是，在一个接龙游戏中，单词不能重复。这种游戏有益于学生复习单词，培养学生的反应能力。

9.作文练习

在高中英语词汇课堂教学中，作文练习可以帮助学生熟悉、掌握词汇的用法。通过让学生写作文，不但可以巩固学生对词汇的记忆，熟悉词汇的用法，而且可以锻炼学生的写作能力。教师可以给出一个作文话题及相关词汇，要求学生运用这些词汇进行写作。这样，学生可以在写作文的过程中熟悉、巩固新学的词汇。

总之，词汇应用的方法多种多样。教师要根据学生的年龄特点和知识水平，灵活应用各种方法帮助学生熟悉所学词汇的用法，切实提高词汇课堂教学的有效性，从而提高英语教学的效果。

第三节　词汇教学的创新视角研究

一、语义场理论下的英语词汇教学

（一）语义场理论与词汇教学

没有语法，人们表达的事物寥寥无几，没有词汇人们则无法表达任何事物。缺少词汇，语言就空洞无物，词汇直接影响着听、说、读、写、译等语言技能的发展，词汇教学在语言教学中占有重要地位。因而无论是英语教科书编写者，还是教师或研究者，都从不同角度不断地探索着英语词汇教学的新模式、新途径和新方法，如有从语音入手的，也有从语用切入的，还有从记忆方法等思考的。总的来说，英语词汇教学一直是英语教与学的一个重要研究课题。[①]

语义场理论是现代语义学研究的一个重要成果，其研究可以追溯到19世纪中期的普通语言学奠基人德国语言学家洪堡。真正提出语义场概念的是20世纪30年代的德国和瑞士的一些结构主义语言学家。他们在对语言因素进行研究时，主张用联系的、发展的观点去研究，强调语言体系的统一性和环境对词义的影响。

语义场理论主要针对词汇之间的聚合关系，认为要构成一个完整的词汇系统，语言系统中的词汇在语义上就必须是相互联系的。语义场是单个词和整个词汇之间的现实存在。作为整体的一部分，它们具有与词相同的特征，即可以在语言结构中被组合，它们同时还具有词汇系统的性质，即由更小的单位组成。

由于一个语义场内的词汇意义不是孤立地储存在人的记忆中的，而是相互联系地形成记忆中的一个联想网络，只要记起其中一个词，就会联想到或激活其他词。鉴于语义场理论的语义网络特点，许多学者把它当作一种有效的词汇学习策略来进行研究。

---

①游海燕. 浅谈高中英语词汇教学中多元模式的应用[J]. 科学咨询（教育科研），2020（12）：288.

一些西方语言学家及心理学家分析第二语言词汇习得时，从心理学的角度肯定了语义场理论在词汇学习中的作用，指出人们倾向于依据语义场来记忆单词，倡导在词汇教学中要运用语义场理论和成分分析的方法。心理学家怀特的研究发现，以英语为第二语言/外语（ESL）的高年级学生用语义场策略记得的词汇比用词汇表策略高出一倍。词汇表策略即利用按字母顺序排列的英语单词词表进行迅速且大量的词汇学习，如利用教科书中的单元词汇表和总词汇表学习词汇。在语义场理论指导词汇教学的研究上获得的众多研究证明，从语义场出发，根据词汇语义场关联记忆并且逐渐扩充单词是一种非常可行的途径。

（二）以语义场理论分析高中英语教科书词汇教学设计

从目前几套现行的高中英语教科书来看，教科书中词汇教学活动设计的状况主要突出了以下几点：

第一，与其他部分相比所占比重大。除常规的词汇表部分外，单元引入活动、阅读后活动、独立的词汇教学活动等部分都涉及了词汇教学，在整本或整套书中占有相当篇幅。

第二，活动类型多样。常见的有与语音相关的练习、词性转换、构词练习、词义解释、看图写词、看图找词、词语搭配、组词成句、替换、问答、分类、列举、选择、改错、填空、排序、调查、头脑风暴、完形填空等。

第三，活动呈现的辅助方式丰富。包括以图片、图表、表格、描图、画线、语境等为主的多种单一或组合成的形式。

第四，涉及的词汇量较大。词汇教学活动中，除从词表中选择词汇外，还扩充了不少与话题相关的已学词汇。

第五，围绕主话题呈现词汇，进行词汇活动练习。而这种设计在很大程度上体现了语义场理论的思想。高中英语教材，由于词汇量大，词义更细腻，虽然词汇活动类型或表现形式等不如初中英语教材那样丰富，但需要综合运用词汇能力的活动多，活动设计也更注重词汇学习的广度和深度，语义场理论更有其指导性作用。

现在的高中英语教科书一般以话题为主体呈现词汇关系，这样的教材编写方式，一方面限定了相关概念，确定了语义场的界限；另一方面使词汇活动的设计更注重词汇间的关联性。这种在高中生就应掌握的词汇范围进行语义场的设定，使单元话题的核心词汇得到了规划学习。而这种设计也帮助学生在学习词汇时较容易地建立起"场"的概念和意识。学生通过这些具体的练习熟悉了语义场之间的区别与联系，并懂得语义场的层次、变化、交错等特性，为学生自己根据需要，归纳词汇，建立适合自己学习的语义场，扩大词汇量，同时提高对词的理解与记忆，进而为促进运用和表达能力的提高打下了良好的基础。

当然，也正是由于词汇教学是围绕主题来设计的，也暴露了教科书词汇设计上的一些其他问题，产生了诸如由于词汇教学更多地把词汇的运用局限在某一具体的情境中，使其词汇教学设计停留在表层，一词多义无法呈现。另外，语义场多样化程度少，以目前使用范围较广的几套初高中教材为例：从它们的形式上看，与词汇的音、形相关的语义场使用得少；从使用情况看，语义场以名词为主的较多，忽略了其他词性；从功能上看，没有提供一个以语义场为中心的词表，使得使用者不易产生主动构建自己的语义场的意识。再者，某些教材以话题为主设计教材的结构，在设置各个学段、各个单元的话题时，缺乏话题之间的相互联系，如在某单元主要讲学校生活，下一个单元话题即讲太空科技，再后面的单元讲历史，这样不同单元话题之间、不同学段涉及的话题之间的关联性不强，在某种程度上降低了某些词汇的复现率，学生较难将已学过的词汇与将要或正在学习的生词建立语义联系。

词汇教学的目的是使学生的词汇学习不仅限于辨认、识记和理解词汇层面，而且要使他们会运用和表达，这就需要词汇教学不应仅停留在使学生的词汇量扩大的层面，更要提高学生运用已知词汇的熟练程度。这也是教师在挖掘教科书资源时值得考虑的问题。

从上面的分析可以看到，高中阶段英语教科书的词汇教学活动设计已经采用了语义场理论的思想，但是也存在着问题。那么，教师该如何利用教科书已提供的资料，进一步发挥语义场功能进行教学呢？从语义场理论及已有的相关研究出发，笔者认为可以从一些具体的教学设计中加以挖掘，通过整合、提炼、组配等方法来加强语义场指导教学的功能。这里需要特别说明的是，以上语义场分类的方法在具体的教学实践中，要视情况而定，有时它们之间相互交叉，互为补充，有时又特点突出，需要区别对待，灵活运用。

1.整合

多维度呈现词汇，促使高中生更清晰地认识到处于不同位置的词汇的语义内涵，并运用归纳分类的策略重新组合语义场。

目前，国内编写的教科书多以话题为中心，因而自然产生了不少分类语义场教授词汇的时候，教师一方面可以指导学生如何进行分类，即提醒学生注意确认所分的一群词组是否义素相同，即词的语义特征的相同；另一方面还应根据教学需要灵活掌握语义场进行教授，即对现有的材料重新整合。

另外，教师要发挥语义场多维性的特点，在讲解生词时，鼓励并可以引导学生利用头脑风暴法，展开联想，把所学词放在不同的语义场中，使之与其他不同词位发生关联，帮助学生深刻理解词汇。高中英语必修和选修教材中关于计算机方面的词较多，且难以记忆，如在讲解 online 时，教师可以采用英语、汉语的解释或利用构词法进行教学，但不妨让班级里擅长电脑的学生发挥专长，带动其他学生一起学习，一些学生可能立刻就想到中心词 computer 和 web，还有的学生可能用中文说出一些关于电脑的词或功能等。在这个过程中，教师一方面要鼓励学生积极思考，拓宽思路，另一方面要随时帮助学生解决语言转换等困难。当走完这个学习过程时，学生会发现，原来自己知道得很多，而且也懂得如何归纳分类，因而找到许多相关的词，并形成多种语义场。

总之，在高中英语词汇课堂教学中教师要引导学生积极思考，这样一方面能够提高词汇的复现率，使单词从短时记忆进入长时记忆，提高记忆效果；另一方面也能够培养学生的联想思维能力。这样，无论是设立新的语义场重新分类，还是补充已有语义场内容，都可以使词汇量增加，使教授的每类词汇的广度和深度方面都会适当拓展与加深。

2.提炼

把具有某种共同语义特征的词汇抽出并概括，使词汇量的扩展空间更广。

在编写教科书时由于话题需要和空间限制等原因，属于同一语义场的词散布在不同单元与课次中，这给学生造成一定的麻烦。为此，英语教师应及时对这类词汇进行提炼概括，如可以把表示总概念的上义词提供给学生，或把表示具体概念的下义词提供给学生，让学生练习并体会上下语义场对词汇记忆和运用的作用，然后再让学生自己随时注意补充和丰富这个语义场。

另外，可以同时向学生呈现有共同特征的语义场，以便学生学会区分和理解各语义场之间的差异。如表示上下义语义场和表整体一部分语义场，对于前者教师可以把表示顺序关系的时间词列举出来，让学生体会并说明。

"整体—部分"语义场也可用实例展现，"整体—部分"语义场更突出的特点是：所组成的词是一种内包含关系，单个词是整体词不可分割的一部分。当学生能够区分各个语义场特征时，词汇量不仅会增长，而且语义场的归纳也会更精准有效。

3.组配

把语义基本相同或相对、相反的词汇配对组场，通过对比呈现差异，提高词汇认识的精确性。

高中英语教科书中需要细腻学习的词汇也有不少，这类词在进行语义场分类时也更需要学生细细体会，而不仅仅是知道其表层的意思。以同义语义场为例，组成同义语义场的词虽然在发音、拼写、内涵、习惯用法等方面不同，但它们的主要意思基本相同，在某种程度上是可以互换的词。另外需要向学生说明的是，在同义语义场中，绝对同义词比较少见，相对同义词则比较丰富。

在使用这类词时要注意体味词汇表达内涵的丰富性程度的不同，如cool→cold→freezing；感情色彩的不同，如描述肥胖的两个词over-weight和fat；语体风格的不同，如die和pass away。这类词的表达受语境和文化背景影响较大，把这类词选出来对比使用，不但可以正确理解作者的明确态度，而且避免读者不必要的误解。此外，使用此类词要注意搭配，如 pretty 描述人时只能与 "girl" "woman" "lady" 等词搭配，而 handsome 通常与 "boy" "man" 等词搭配。在教学中把握词汇细微区别，并有意识地归纳词汇的这些语义特征对于学生区分和体会，并准确地运用词汇的作用是不言而喻的。

笔者再以反义语义场为例，它是由语义相对、相反的属于同一词性和同一范畴的一组词构成的语义场。词语间的反义关系有助于揭示某些词的准确含义。一般而言，一提到反义词，学生常想到的就是形容词或副词，也就是反义语义场中的两极语义场，如 wide 和 narrow，soft 和 hard 等，而其他语义场像互补语义场（如 male 和 female，married 和 single 等）和关系语义场（如 buy 和 sell，lend 和 borrow 等）常被忽略，那么教师应适时把容易被忽略的语义场教授给学生，促使学生积极思考总结。

可以说，同义与反义语义场比其他几个语义场涉及细微之处较多，词汇词性、语义关系相对复杂一些，对词汇语义的细节变化要求更灵活。所以在使用时，英语教师还可以借助图形、图表、语境等形象手段来辅助描述语义场，对各个语义场进行分类、归纳，帮助高中生理解、消化、吸收所学词汇。简而言之，要引导学生对语义场进行分析、比较，提醒学生注意词汇的细微差别，以提高他们词汇的活用能力与语言运用的准确性。

另外，除了以上几种类型的语义场外，英语教学中涉及其他的语义场，如形式上有关联的语义场、同形或同音异义关系的语义场、习惯搭配语义场等也都是学习词汇要注意的方面。

总之，语义场理论用于中学英语词汇教学不仅有助于使高中生扩大词汇量，而且还能够使学生全面了解词汇的语义和掌握词汇的正确用法，促进词汇的运用，对构建英语学生的词汇体系具有重要的应用价值。在词汇学习中，教师应该有意识地运用语义场理论从系统的角度指导学生词汇的学习与记忆，帮助他们认识和有意识地运用语义场，根据个人对词汇的认识，设计适合自己记忆规律的语义场，提高学习效果，以便最终达到事半功倍的效果。

二、主题语境下的英语词汇教学

（一）主题语境概述

基于英语学科的特点，为学生营造一种良好的语言环境，积极开展主题语境教学已经成为一种必然趋势。具体来说，主题语境就是运用语言的一种具体环境，这一理论最早是由波兰学者马林诺夫斯基提出来的，他在研究中肯定了语言和环境之间的密切联系，认为语言性学科的学习离不开具体的环境。鉴于此，英语作为一门语言性学科，唯有将其置于特定的主题语境中，才能基于特定的语言环境，帮助学生理解英语知识，让学生能够在掌握英语词汇字面含义的基础上，辨别不同语境中词汇运用的得体性，从而实现英语知识的灵活应用。

（二）主题语境与高中英语词汇教学

目前，主题语境已经被广泛应用到英语课堂教学实践中，并彰显出显著的应用价值。就英语词汇教学来说，如果抛开特定的主题语境，学生在进行英语词汇学习时，基本上都是采用"死记硬背"的方式，不仅效果不佳，还极容易产生各种负面情绪，不能实现词汇与语境的有效契合，不能够实现得体、合理的表达效果。但是在主题情境中，学生可结合主题语境轻易地理解英语词汇，并掌握具体的使用方法；尤其是针对部分英语词汇来说，还存在一词多义的现象。在不同的语境中含义也有所不同，如果按照传统的词汇学习模式，学生常常因为词汇判断不准确，影响后续的学习。鉴于此，通过主题语境引领，即结合具体语言环境，通过联系上下文，对英语词汇的含义展开精准的判断。可以说，鉴于英语学科的内涵，将主题语境和英语词汇教学融合起来，可有效转变"浅层学习"状态，让学生能够在具体的语境中理解英语词汇所表达的真实含义，培养学生灵活、准确运用词汇进行语言表达的能力，从而全面提升学生的英语词汇学习效果。

（三）基于主题语境，优化高中英语词汇教学

1.基于主题语境，加强英语词汇学习

就现行的高中英语教材来说，其中的语篇都存在一种主题语境：或

是人与自我，或是人与社会，或是人与自然。鉴于此，在基于主题语境开展英语词汇教学时，就应立足于教材中的语篇内容，改变将英语词汇从语篇中剥离出来开展单独教学的现象，而是以语篇的主题语境作为载体和依托，将与其相关的英语词汇融入其中，以便于学生在特定的主题语境中，感知英语词汇、理解英语词汇，进而达到理想的词汇学习效果。例如，在"Fascinating Parks"的英语词汇教学中，就立足于该语篇内容，结合"人与自然"这一主题语境，将英语词汇融入到主题情境的语篇中，指导学生在阅读课文的过程中，联系上下文，围绕主题语境进行推测、联想等，进而完成英语词汇的高效学习。另外，在基于主题语境开展英语词汇学习时，要立足于英语教材语篇进行学习，但又不能局限于教材的语篇中，还应紧紧围绕同一种主题语境，为其提供相似的文章，引导学生在主题语境相同的英语文本中，仔细体会词汇在实际语境中表达的真实含义，辨别词汇使用效果，深入理解词汇的内涵。

2.基于主题语境开展词汇联想

鉴于英语学科素养和新课程标准的要求，在日常英语词汇教学中，教师既要引导学生掌握教材中的基本词汇，还应围绕主体语境拓展相关的词汇，以便于学生更好地开展阅读、写作等学习。针对这一要求，传统死记硬背的词汇教学模式显然行不通。根据第二语言习得理论得知，在英语词汇教学中，聚焦主题语境、用词汇之间的联系，引导学生通过联想等方式，积累词汇量，奠定语言学习的基础。以"Body Language"为例，教师围绕单元话题"肢体语言"为学生设计了一个有关肢体语言的主题语境，以便于学生在特定的环境中进行联想，将 bend、lean、slump、tick 等英语词汇串联起来，在丰富学生英语词汇的基础上，强化了词汇学习效果。再比如，在"People of Achievement"的英语词汇教学中，就基于本单元的主题，为学生创设了一个主题语境，向学生提出问题"What do you know about Madam Curie?"之后引导学生围绕这一问题进行探讨与交流，围绕主体语境扩展词汇，丰富学生体验，满足英语新课改背景下的词汇教学要求。

3.基于主题语境开展活动，强化英语词汇学习效果

根据英语新课程标准中的要求，在开展英语词汇教学时，应基于英语教材中各个单元的主题语境，利用相关的语言材料，为学生构建一个良好的活动学习模式，以便于学生在活动中完成英语词汇的理解。鉴于此，面对主题语境的内涵，高中英语教师在优化英语词汇教学时，应聚焦"英语听说读写"能力，为学生提供词汇交流的活动，让学生在主题语境中进行交流、互动，完成英语词汇的理解、应用。例如，在"Working the Land"的英语词汇教学中，完成基本的语篇教学之后，就结合本单元的主题、英语词汇等，为学生设计了一个讨论议题：Why did Yuan Long ping devote himself to developing hybrid rice？唤醒学生的讨论欲望。接着，引导学生利用本单元中所学的英语词汇、短语展开讨论。再比如，在"Science and Scientists"教学中，由于这一单元中的英语词汇主要围绕人物特征展开。鉴于此，在基于主题语境开展词汇教学时，就紧紧围绕主题语境，以中外科学家作为基础，将相关的英语词汇融入其中，为学生设计了一个"我说你猜"的游戏，进而促使学生在游戏活动中，高效完成相关英语词汇的学习。

4.基于主题语境强化词汇复习

根据认知心理学家的研究，人的记忆可划分为瞬时、短时和长久的记忆。通常，信息进入到人类的大脑之后，唯有经过长时间地记忆，才能形成长久记忆，进而长时间存储于大脑中。鉴于此，在开展英语词汇教学时，必须结合人类记忆的特点，及时带领学生展开复习，使其在复习中强化记忆，最终完成英语词汇的深度理解。而要达到这一目标，即可运用主题语境的方式，引导学生对相关的英语词汇进行回顾复习，最终形成系统化的框架。例如，在"Food and Culture"这一单元的英语词汇复习中，就紧紧围绕这一主题语境，给学生提供了相同主题语境下的不同篇章，引导学生在阅读中加深相关英语词汇的记忆和理解；再比如，在"First Aid"这一单元的英语词汇教学中，为了帮助学生更好地掌握英语词汇，就借助了迁移式的复习模式，基于本单元的主题语境，以及与急救相关的英语词汇，就引导学生以"急救"为主题，运用所学

的英语词汇，围绕"应对突发事件和意外伤害如何有效实施自救和互救"进行描写。如此一来，在主题语境下的迁移中，契合了词汇应用的实际需求，回顾了所学的词汇并在主题语境中进行应用，增强词汇学习效果。

总之，词汇是英语学科学习和探究的前提，掌握大量英语词汇并能够在主题语境中进行词汇的正确理解和应用，才能奠定英语阅读、写作的基础，才能全面提升自身的英语综合素养。但英语词汇教学并不等同于拼读学习，还应精准把握语言的特点，从主题语境的角度理解词汇的表达内容和效果，将词汇表达的意思与实际的现象联系起来，实现词汇学习的有效性。教师应依托主题语境优化英语词汇教学，引领学生在主题语境中学习词汇，真正提升高中英语词汇教学质量。

第六章　高中英语语法课堂教学探索与创新

第一节　语法课堂教学概述

一、语法教学的主要内容和目标

（一）高中语法教学的主要内容

高中英语语法的主要内容可以分为词法和句法两大类。词法又可以分为构词法和词类。构词法讨论不同的词缀、词的转化派生、合成等内容，词类可以进一步分为静态词和动态词。静态词包括名词、形容词、代词、副词、数词、冠词、介词、连词、感叹词等。静态词并不是绝对不变的，比如名词就有数、格、性等变化，形容词有比较级和最高级的变化。动态词包括动词以及直接与动词相关的时态、语态、助动词、情态动词、不定式、动名词、分词、虚拟语气等。句法可以大致分为句子成分、句子分类、标点符号三大部分。句子成分主要包括主语、谓语、宾语、定语、状语、表语、同位语、独立成分等。句子的分类，可以按句子的结构分为简单句、复合句和并列句，也可以按句子的目的分为陈述句、疑问句、祈使句、感叹句等。与句子有关的内容还包括主句、从句、省略句等。标点符号也是句法学习的内容之一，此外还有词组的分类、功能、不规则动词等。

高中语法知识点比较零乱、琐碎，因而教师在教学过程中可以不断地使知识再现，以加深学生的印象。

（二）高中语法教学的目标

高中语法教学的目标是由低到高、由易到难、层层推进的。大致可以概括为"知""练""能"三个阶段。这三个阶段虽然是递进关系，但也并不是绝对的。也就是说，要想达到"能"，不一定要首先达到"知"，有的人虽然不能完全掌握语法的意义和结构，但依然能够在语言活动中正确运用语法规则。然而对于大多数的英语学生来说，由"知"到"能"，可能是达到终极目标最可靠、最有效的途径。[①]

就母语而言，大多数人的语法能力都达到了高级阶段的目标，却很少有人拥有系统的母语语法知识。这一事实确实能够说明，正确地应用语法规则无须具备系统的语法知识。于是，交际学派认为，这种母语语言直觉的获得途径可以在外语学习中加以复制，所以交际学派倾向于取消语法教学，主张通过语言交际活动，自然而然地习得外语语法规则，达到能够正确运用语法规则的终极目标。然而，笔者认为，母语语言直觉的获得途径在外语学习中无法复制，但可以重建。湘潭大学外国语教授曾葡初在《英语教学环境论》一书中这样论述母语和外语之间的关系，以两种语言的相同而同之，以相异而异之，使外语语言规律在认知上得到强化。教师在教学过程中要尽量促进正迁移，同时克服负迁移所带来的不利影响，以帮助学生更快、更有效地学习。

由此可见，高中英语语法教学的最终目标不是掌握英语语法知识本身，而是将语法知识转化为在英语实践活动中有效的运用。

二、高中语法教学中存在的问题

英语语法是高中英语考试中必不可少的部分，也是构筑英语基础的

---

①古明，朱杰.英语语法教学理论与实践研究文献评述[J].考试与评价（大学英语教研版），2020（1）：106-110.

奠基石，语法教学的成功与否，关系到学生对语言的理解和应用。

然而目前高中英语语法课堂教学中仍存在很多问题。

（一）高中语法教学的方式单调

高中教师大多采用先讲解语法概念和规则，然后做相应的练习的教学方式，学生在教学中处于被动接受的地位。更让学生不知如何应对的是，好多学生在谈论语法学习的经历时普遍反映课堂上好像听懂了，会用了，可是过了一段时间又感觉很陌生，尤其是把几个语法现象放在一起之后，他们就更手足无措了。

（二）高中语法教学缺乏系统性

大多数高中生的语法概念不清晰，他们对语法并不陌生，说起语法，每个学生都能说出几个语法名词，比如名词、动名词、一般过去时、虚拟语气等。但是如果细问起来英语语法中有几种时态、几种语态、多少词类，就没有几个学生能正确回答出来了。由此可见，学生对于语法的认识只是一些零星的概念，他们在头脑中并没有建立起一个整体认识和完整的框架。

（三）对语法缺乏敏感度

在高中英语考试中，考生对改错题非常惧怕，因为改错题中的错误也是他们经常犯的错误，所以他们认为这些错误是正确的。另外，在写作题中，对自己所写的句子中存在的语法错误忽视了多次却全然不知。这说明学生对语法缺乏敏感度，他们认为读懂一个句子，就能写出一个句子。可是他们不明白的是，如果说读懂一个句子可以凭借语感的话，那么写出一个正确的句子则需要过硬的语法知识。

（四）惧怕英语课外阅读

要想学好一门外语，是需要环境的。在课堂上学习，在课下运用，才能学好英语。可是，目前的状况是，高中生在课堂上学的是英语，课后用的却是汉语，学习和运用分开了。要想解决这个问题，学生就要多看英语课外书籍，增强课外阅读量，也就是自己给自己创造环境。但由于学生的语法基础普遍薄弱，看不懂较长且烦琐的句子，因而惧怕英语课外阅读，这就给英语学习减少了应有的环境。

三、影响高中语法教学的因素

（一）语感

语感即对语言的感知能力，是人们天生或后天养成的一种对语言的特殊的直觉，表现为对语言的一种自然的亲和力、吸收能力、模仿能力、应用能力以及灵活的创造力。语感是获得和发展语言智能的一种潜能，这种潜能每个人都拥有，但是程度不同，得以开发并成长为语言智能的机遇也不一样。高中英语教师的责任之一就是创造条件，帮助学生开发他们的语感能力。学生的语感能力提高了，高中教师在语法教学中就会相对简单一些，因为有些固定用法，只能靠学生自己体会，很难讲解明白。

（二）语境

一般说来，与目的语的接触多少，即暴露在目的语的影响之下的时间长短，对目的语的语法教学起着重要作用。如果在美国学习英语，要远比在中国学习英语容易得多，进步得也快。这就是因为学生在美国有学习英语的语境，用得广泛，自然就学得迅速。针对这个因素，教师在高中英语教学中就应该多说英语，可以把高中英语课变成全英课堂，让学生具备学习英语的语境。另外，教师还可以组建英语角，让学生在课余的时间也能进行充分的练习。

（三）思维

语言是一个庞大的系统，而语法可能就是这个系统中最具系统性的子系统。在高中英语语法的学习中，正确的归纳和演绎都有助于各种语法规则和句型结构的理解和掌握。有学者通过一项对智力与学习的相关性研究发现，学生的逻辑推理能力与高中英语语法学习的结果有着十分明显的正相关关系。教师在高中语法教学中可以通过对知识点的分析和归类，培养学生的逻辑推理能力，推动学生的语法学习。

（四）动机

学生的学习动机也是影响语法教学的因素，如果学生没有学习动机，就像船没有舵，没有方向，没有目的。学生的语法学习动机通常分为两种类型：一种是以交际成功为原则，另一种是以融入目的语文化为目的。这两种动机的共同点是都能促进学生的语法学习，可是学习的目标和方法却不太一样。第一种类型是为了达到交际的目的，至于语法是否正确、结构是否优美则不太关心。第二种类型是追求语法的尽善尽美，注重语法的结构，并努力使自己的言语优美正确。

第二节　语法课堂教学的原则与策略

一、高中语法课堂教学的原则

语法教学应该在一定的原则下，采取灵活多样的教学方法，以学生为中心，精讲多练，使学生既能在具体使用语言过程中全面系统掌握语法知识，提高语言综合运用能力，又能培养交际能力。那么，高中英语语法教学究竟应该遵循什么样的教学原则呢？笔者根据自己的教学实践认为高中英语语法教学应遵循如下原则。

（一）以学生为中心原则

这也是高中英语课堂教学一般原则中的首要原则，在整个英语教学包括语法教学过程中，都应当贯彻以学生为中心的原则。无论是学生还是教师都已经意识到，学习不再是单纯接受知识的过程，而是学生一起参与各种学习活动的过程。高中英语教学改革的目的是促进学生发展英语的综合应用能力，而语言应用也是习得过程的一部分。因此，课堂上减少语言知识的传授、增加语言应用活动非常必要。对语法课堂教学来说，应从单纯的知识灌输转向以学生为中心的活动展开，在活动过程中，通过学生的参与、感知、体验和实践来共同完成建构知识、提高语言和言语的能力，同时也给了学生自己动脑总结出语法规则，发现语言规律的机会。教师应该努力把语法规律的发现、讨论、学习和吸收交给学生自己去进行，学生在自己"发现"语法规则的过程中感觉到了学习语法的乐趣，并产生成就感。

学习简单来说就是知识输入并经消化而转为知识输出的过程。

在这个过程中，外部的知识输入是一个方面，但学生个体在社会互动活动中对输入的处理、转换和内部生成更为重要，学生自己讨论总结过的语法点，在以后的语言输入中，会更容易意识到这些语法现象，这样不断地强化，可以促进学生内隐的语言知识系统的重构。因此，教师在传授语法知识的同时，更要有意识地培养学生概括问题、分析问题的能力，提高学生的语言欣赏、语法辨析能力。

总之，高中教学一定要以学生为中心，让学生有足够的时间和机会参与语言运用实践。认知法理论学家认为，如果承认学生的智能作用，就应该充分发挥学生的主动性，培养他们的学习态度，增强学习信心，开发学生的智力，保持其学习兴趣，让学生有足够的时间自己参加语言运用。而教师在传授知识并给予指导的同时，更要注重教给学生自学的方法，培养他们自学的能力。当学生有机会发展自己对英语语法规则的理解时，他们就会更加积极主动地探究语言的奥妙，这样语言信息便得到更深层次的处理，储存的时间也会更长。

（二）效率原则

高中课堂活动的有效开展是语法教学有效性的保证，因此任何时候都要注重教学效率的提高。坚持效率原则要求做到以下几点。

1.明确目的

高中语法活动的目的可以是语言层面的，也可以是超语言层面的，如解决问题、计划出游、野餐、采访等，但语言层面的活动常使活动显得比较单调乏味。即使是语法练习也应以信息和任务为目的，使学生运用所学语言的语法知识完成所接受的任务。

2.练前准备

这里的练前准备是指在真正进行语法操练之前必须有展示阶段和解释阶段，当学生完全清楚所学的语法概念之后才可进入语法练习阶段。

3.增加活动的种类

过于单一的教学活动会使学生对语法教学生厌，不利于学生学习兴趣的激发。而变化是学习的调料，是教学的调节剂。由于学生水平的差异，高中英语教学课堂上活动任务应有一定的梯度，使各层次的学生都能学到东西。

4.确保学生参与

在语法练习过程中，要尽量确保学生都能参与进去。此外，为了增加学生的参与量，一般以两人活动和小组活动的方式为佳。

5.保证练习的有效性

高中语法教学不同于其他教学，它必须保证学生能够正确地使用新学语法规则。保证练习的效率不只是有错必纠，而是纠错后要有充分的机会让学生感受成功。这种成功可增强学生的自信，营造轻松的课堂气氛，提高学生的学习动机。

6.课堂的评估

课堂的评估是对一堂课的综合验收，是对高中课堂教学效果的评价，是对学生学习结果的评价。一般的语法课堂在结束阶段应该有语法测试类的检查测试。

（三）动机原则

动机是一切教学活动的保证，语法教学也不例外。在大部分学生对语法都缺乏兴趣的今天，动机的激发在语法教学中就显得越发重要。事实上，在高中语法教学中的很多原则都体现了对学生学习动机的培养，因此我们将它们统称为动机原则。下面笔者介绍几种体现动机原则的方法。

1.坚持个性化

所谓个性化是指活动的源泉应来自学生的亲身经历、学生的情感、学生的观点等，个性化活动有助于学生进行真实的交流，并于思想交流之中内化语言规则。有的学者也认为，将教学内容个性化可以使学生的常识或经历与将要学习的语法知识产生联系，而个性化任务的布置也有利于学生个人真实情感、态度或见解的表达。

2.保持适度紧张

一般来说，学生喜欢稍带挑战性的活动，这说明活动本身不可太容易，应能给学生制造一定的紧迫感。教师在讲解语法知识之后，通常会让学生做练习，可以是口头练习，也可以是习题集训练。教师应该把练习活动安排好，使学生适度紧张，带有一定的紧迫感，而不是放任自流，不闻不问。

3.形式与意义相结合

语法练习多注重语言形式，这也是语法练习不能激发学生兴趣的原因。练习不仅应以意思的传达为重点，还应能制造一种信息沟，激发学生的好奇，从而参与活动获取信息。美国密歇根大学教授拉森-弗里曼的三维语法教学法则主张先接触语言形式，然后向学生解释语法规则的道理，通过真实的交际活动来运用语法规则。

4.保持开放性

语法练习以控制性机械练习居多，难以激发学生的参与热情。自由、自主是人的基本需求之一，如果允许学生按照自己的意思开展活动，学生的兴趣自然可以激发。

（四）循序渐进原则

做任何事情都不是一蹴而就的，而是有一个循序渐进的过程。高中英语语法的教与学同样也是如此。按照认知心理学阶段发展观点，人们对事物本质发展规律的认识都不是一次实现的，而是一个由浅入深、由简到繁、由低到高、由旧质到新质的不断变化和反复巩固、完善的过程。也就是说，高中英语语法具有层次性，高中英语语法的教学过程也应该由低层次入手，然后逐渐往高层次螺旋上升。在这一过程中，学生即使对一个简单语法点的掌握也不是一次完成，而是经过多个阶段的发展后才掌握。而一个语法项目也有很多内容、很多规定和例外。因此，要注意分清主次，不要指望学生一次就把某一现象的所有应用都学会，要循序渐进，多引导学生自己在学习中发现一些特殊用法。对语法点的教学要不断地循环往复，但要注意，往复不是简单的重复，而是有变化的重复，这可表现在语境发生了变化，或添加少许新的内容。

高中英语语法教学不但要注意系统条理性，还要注意层次性。做到由表及里，由浅入深，由一般到例外，循序渐进。当然，并不是说任何时候都要按部就班地讲求循序渐进，当学生对语法已经有了一定程度的学习之后，教师可以从实际出发，根据学生的具体特点，有所跳跃、有所侧重、有所循环。实际上，语法层次和语法项目在纵向和横向上都有许多延伸。因此，语法教学在纵向上，按照由易到难的教学顺序；在横向上，可依据学生对语法项目把握的实际程度决定教学的先后次序，从而提高学生英语的"编码"和"解码"能力。

（五）重点突出原则

语法原则要遵循循序渐进原则，但是当学生的水平达到一定阶段，就要遵循重点突出的原则。这一原则要求教师在高中英语教学过程中做到强化重点、突破难点。具体来说，教师要清楚了解学生对语法的已掌握情况，经常复习一些常用的语法项目，对一些重要的、学生又还没有掌握的语法项目更要作为教学活动安排的重点。而对于那些已掌握了规则的语法项目，可以灵活安排其在不同的语境中出现，做到形式与使用相结合。我国著名语言学家胡壮麟认为，语法的学习应将重点放在缺什么补什么上，没有必要全部重学。这就要求教师要善于发现并抓住学生英语学习过程中出现的带普遍性的语法错误和反复出现的顽固性语法错误，然后安排相应的课堂语法教学活动。

在我国，一些高中并没有专门安排英语语法课，往往只是在日常教学中带着讲，很多学生的语法水平并不过关。因此，教师在具体教学过程中可以就一些比较突出的语法问题展开教学，即每次可围绕一个语法点，分不同时间多次进行，每次的教学情境都要发生变化，分别有不同的教学目标，针对不同的着眼点。这样，学生可以获得对同一语法点的多方面理解和应用。

二、高中语法课堂教学的策略

（一）基于思维过程的策略

演绎学习法与归纳学习法是人类大脑认识事物、开展思维活动的两种不同的方法。就语法学习来说，归纳法和演绎法也是理解和掌握语言规则的不同手段。因此，在语法教学中，也有归纳教学策略和演绎教学策略之分。下面我们将对这两种策略分别进行介绍，并对二者做一比较。①

1.归纳教学策略

归纳策略是一种从个别到一般、从部分到整体、从具体到抽象的教学方法。采用归纳法进行语法教学，在学生就特定结构的使用进行练习之前，先让他们接触一定数量的含有要学习的语法规则的语言材料及实例，以对所学内容产生初步的印象。同时，学生在教师的启发引导下，对该语法规则进行观察，并针对其特征进行抽象概括，归纳成规则。在规则已为学生明确之后，再进行大量的练习，运用所学语法规则。

归纳教学策略比较符合高一年级学生掌握外语方法的心理过程，这时的语法教学主要是通过句型教学来进行的。教师通过实物、动作、情境等手段教新的句型，在学生理解句子结构和意义的基础上，进行大量的句型操练。当学生初步掌握了句型范例后，再由教师来引导学生归纳新的语法规则。这样可以避免单纯抽象的讲解，学生可以通过接触具体生动的语言实例，很容易地找出某些规律，且容易懂、容易记、效果好。可以说，归纳法是高中英语语法教学中极为有效的教学方法。

归纳教学策略倾向于高中生发现性的学习活动。归纳教学策略主张，只要为学生提供足够的含有要学习的语法规则的语言材料，学生就能够自动掌握语法规则，教师无须讲解。如果再辅以具体的实物、图片、动作、表情、影像等直观手段，创建一个包含运用语法规则的具体情境，学生就更容易建立语法规则与语言情境之间的直接联系，也就更容易理解语言规则所表达的意义，同时也能激发学生的求知欲。

2.演绎教学策略

演绎策略是一种从一般到个别、从整体到部分、从抽象到具体的方法。采用演绎法进行语法教学，首先，教师需简单扼要地向学生介绍和

---

①梁家华，英语语法教学结合语用学在高中的应用研究[D]. 天津：天津师范大学，2020.

讲解抽象的语法规则，以便于学生对这些语法规则产生初步的认识。其次，教师举例说明，将抽象的规则应用于具体的语言材料，借助范例进一步对这些规则进行说明。最后，按照语法规则套用练习，用大量类似的练习材料，帮助学生独立运用某些语法范畴和概念。如果不先讲清楚，即使有很多实例，也会使人难以理解和运用。演绎策略简便省时，高中生可挤出大量时间做练习。

演绎教学策略要求学生具备一定的思考、分析和比较的能力。例如，教师将一个含有助动词的问句写在黑板上，或者引导学生注意课文上提供的范例，然后详细解释句中所包含的语法规则，包括结构形式和位置变化等。此时教师很有可能用汉语讲解，并与汉语中的类似结构进行对比，或者将新学到的英语语法结构与以前学到的结构加以对比。接下来，学生根据一些提示信息，尝试运用学到的规则进行语言表达。

可以说，传统的高中英语语法教学大都采用演绎法，其突出特点就是教师直接对语法点进行讲解，然后举例分析其用法。演绎策略往往以孤立的方式来教语法，并不太注重语言的意义，且所做的练习大多是机械地替换或变换地套用练习。

教师运用演绎策略进行高中语法教学，还可以在语法讲解后，要求学生将所给的语言结构变换为另外一种类似的结构，以帮助学生更深刻、更全面地了解所学语法知识点。

3.归纳与演绎策略的比较

第一，与归纳法相比，演绎教学策略有其优点。首先，演绎教学策略非常适合具有强烈学习动机的学生。其次，如果所学的语法规则比较复杂，教师在高中英语课堂上采用演绎法能够节省许多时间。同时，掌握了语法的准确性在很大程度上能够提高学生的自信心。需要特别指出的是，语法的讲解应当简明扼要，并辅以清晰的语言运用实例，不可过多地沉湎于规则的例外情况。

第二，许多人还认为归纳教学策略要优于演绎教学策略，原因是归纳法比较符合语言习得的自然顺序，而且也有利于培养高中生积极探索的精神，调动其学习主动性和积极性，形成学习的内在动机。

事实上，在高中英语教学实践中，归纳法和演绎法是紧密结合的，既没有纯粹的归纳法也没有纯粹的演绎法。合理的方法应当是归纳法与演绎法的有机结合。如果只采用归纳法，虽然有利于调动学生积极性，但若是方法设计不当，容易出现事倍功半的效果。因此，既不能只采用演绎教学策略，也不能只采用归纳教学策略，而应当将两者结合起来，通常是以一种方法为主兼用另一种方法。而且采用哪一种方法为主，取决于语法教材的性质、教学阶段和学生的外语水平。因为任何高中教学方法的选择都应根据学生特点、学习目的、语言点难易程度的不同而不同。例如，如果是侧重培养学生读写能力的语法教学，则应采用演绎法；如果是侧重培养学生听说能力的高中语法教学，则应采用归纳法；而如果所教授的语法点难度较大，则应采用演绎法。

（二）基于语法学习的策略

对于语法学习策略的定义，不同学者给出了不同的定义。牛津大学的直接策略与奥马利和查莫特的认知策略基本相同，牛津大学的间接策略涵盖了奥马利和查莫特的元认知策略和社会/情感策略。

奥马利和查莫特的分类揭示了三类策略的内部层次关系，概念表述易于理解，并且为研究者广泛采用。这三类策略就是元认知策略、认知策略和社会/情感策略，因此在这里我们重点介绍这三种语法教学策略。

1.元认知策略

（1）元认知策略的分类

所谓元认知策略是学习策略中较高层次的行为，它对语言习得产生间接的影响，具体指学生对语言学习进行规划、监控或评估等。元认知策略用于监督、调节和自我调整语言学习行为。元认知策略可以协调各种学习策略。也就是说，元认知策略可以直接监控着各种学习的策略，直接关系到各种学习策略使用的效果，因此元认知策略和英语语法学习有着重要关系。具体来说，元认知策略包括以下三个方面：

第一，计划策略。计划策略是指学生根据自己已有的认知知识，对语言学习制订出一个适合自己的计划。计划策略包括设置学习目标、浏览阅读材料、产生待回答的问题以及分析如何完成学习任务。

给学习做计划就好比是教师在考试前针对考试要求对学生做系统的计划性练习。不论是完成作业，还是为了应付测验，学生在每一节课都应当有一个一般的"对策"。成功的学生并不只是听课、做笔记和等待教师布置测查的材料。他们会预测完成作业需要多长时间，在写作前获取相关信息，在考试前复习笔记，在必要时组织学习小组，以及使用其他各种方法对完成学习任务进行计划安排。因此，对于高中语法课堂教学来说，学生应当是一个积极的而不是被动的学生。

第二，监控策略。监控策略是指学生利用监控策略对自己的学习随时进行监控。监控策略包括阅读时对重要语言点及关键词句加以跟踪、对材料进行自我提问、考试时监视自己的速度和时间。这些监控策略使学生注意自己在注意和理解方面可能出现的问题，以便找出来，并加以修改。当你为了应考而学习时，你会向自己提出问题，并且会意识到某些章节你并不懂、你的阅读和记笔记方法对这些章节行不通，你需要尝试其他的学习策略。因此，对于高中语法课堂教学来说，学生应当对自己的学习情况有一个详细的认知。

第三，评估策略。评估策略是指学习者经常性地对自己的学习方法和认知策略进行自我评估，并自我调节所使用的策略。因此，对于高中语法课堂教学来说，在评估策略中学生应以准确和完善作为标准对自己的语言学习结果进行检查。

（2）英语语法教学中的元认知策略

由于元认知策略具有执行功能，具有较强的目的性、规划性，能够有助于学生减少学习活动中的盲目性、冲动性和不合理性，所以在学习中占据十分重要的地位。从这一意义上讲，元认知策略就好像一座桥梁，它将内在的、静态的元认知知识同可观察的、动态的语言学习和认知策略连接起来，使得正确的元认知知识对学生的高中英语语法课堂教学起到导向和调节作用。

我国外语界对元认知和元认知策略的研究始于20世纪90年代初，可以说起步较晚。例如，北京外国语大学法学院博士万方利用元认知策略对比分析了英语作文中的语法错误，分析证明实验组在运用了元认知策略以后，语法范畴出错的情况显著少于控制组。莆田学院学者陈丽婉对英语师范专业新生语法元认知策略进行了调查，结果显示高分组与低分组在元认知策略的运用上存在显著差异；学生使用语法元认知策略的总体水平不高；语法元认知策略与语法成绩明显相关，调查结果对高中语法课堂教学有一定的启示作用。元认知策略可以用于评价、计划和监管策略的使用，其具体内容如表6-1所示。

表6-1 元认知策略在高中英语语法课堂教学中的使用

元认知策略	课堂教学应用
先行组织者	对要进行的学习任务的组织概念或原则进行预习
选择注意力	事先决定将注意力集中在语言输出的某些方面或情境的细化
集中注意力	事先决定将注意力集中在某个学习任务上,忽略干扰因素
事先练习	事先为将要执行的某个语言学习任务做好准备并演练语言结构
延迟表达	有意识地在讲话之前通过倾听来了解情况
自我管理	了解有助于语言学习的条件,并努力创造这种条件
自我监控	在语言任务进行过程中检查、核实或纠正自己的理解或表现
自我评估	某一阶段的语言学习结束之后,根据某个标准检测自己的学习结果

下面我们根据表6-1，介绍几种元认知策略在高中英语语法课堂教学中的应用。

第一，先行组织者策略。先行组织者是先于学习任务本身呈现的一种引导性材料，它比原学习任务本身有着更高的抽象、概括和包容水平，并且能清晰地与认知结构中原有的观念和新的学习任务关联。例如，高中生在语法学习中，在学习较陌生的新的语法知识前，教师有必要引导学生进行预习，提出一些思考内容和具体要求，让学生有的放矢地去预习，这样有利于提高预习和听课效率。

第二，选择注意力策略。选择性注意策略是指事先决定将注意力集中在某个学习任务上，而忽略那些不相关的因素的策略。能否正确使用选择性注意力策略是衡量一个学生是否会学习的标志之一。在每个学习阶段，高中生都需要清楚地知道他们所学过和掌握的知识。选择性注意就是要让学生明确"自己所知道的"和"自己所不知道的"。学生只有明确知道了自己所掌握的知识，他们才会运用已知的知识去发展学习新的知识。例如，在高中英语语法课堂教学中，当遇到某一语法项目时，教师可以直接让学生记下所学的知识、尚未懂的知识和想要学的内容，这样就可以让学生有选择地学习。对于未曾学过的语法项目，如果教师要求学生做出标记，这就引起了学生对未知语法项目的注意，从而发展了元认知策略中的选择注意策略。

第三，自我监控策略。自我监控是指活动主体为了达到预定的目标，将自身正在进行的实践活动过程作为对象，不断地对其进行积极、自觉地计划、检查、评价、反馈、控制和调节的过程。有研究发现，学习能力强的学生，其学习的自我监控水平一般都比较高。例如，在高中英语语法课堂教学中，学生应该实行自我监控即在语法项目教授过程后学生通过反思、练习来检查、核实或纠正自己的理解，从而对学习方法进行适当的调整。

第四，自我评估策略。有效的课堂教学离不开学生的自我反思与评估。自我评估策略是指某一阶段的语法学习结束之后，根据某个标准检测自己的学习结果的策略。它既包括对某个语法点的评估，也包括对几个语法点甚至整个语法体系的评估。学生只有对自身进行准确的评估，才能制订切实可行的计划和目标。此外，自我评估还能帮助学生发现自己在学习过程中的优势和弱点，以便及时改进自己的学习策略，采取适合自己的方法。例如，在高中语法课堂教学中，教师可以在教授某项语法项目之前做好计划、安排好时间，在学生学习过程中帮助学生分析所出现的问题，引导学生进行正确的评估。在学习任务完成之后，教师可以指导学生总结近阶段的学习情况，找出不足之处，并及时调整计划。

2.认知策略

（1）认知策略的分类

认知策略作为学习策略的一种，最初是由美国教育心理学家和认知心理学家布鲁纳于1956年在著名的人工概念的研究中提出来的。认知策略主要是指学生为了更有效地识别、理解、保持和提取信息而采取的策略，是学生运用概念和规则指导自己注意、学习、记忆和思维的能力。

我们经常说的"学会如何学习""学会如何思维"等，都属于认知策略的范畴。

对于认知策略，不同的研究者有不同的理解，因此在不同的研究者看来，认知策略包含的内容也就不同。其中，美国学者奥马利和查莫特的认知策略是在对学习材料进行分析归纳或转换过程中所运用的策略。具体来说，认知策略包含以下一些内容：

第一，记忆策略。记忆策略与实践策略相类似，但记忆策略的重点在于记忆和检索过程，而实践策略则重点在于练习。例如，做笔记，用各种联想的方法来学习，记忆新的词、句等语言单位，都属此类策略。

第二，求解与证实策略。这是指学生用来求解和证实自己对新语言知识的理解正误的策略。该种策略的具体方法是要求对方举例说明某一词或短语的用法，对某一词或短语做解释，或重复某词以证实理解的准确性等。

第三，推理策略。推理策略是指学生利用已获得的语言或概念和知识去获得对语言形式、语言意义或说话意图的明确假设。例如，通过有关交际过程的知识，说话者和听话人的身份，交际场所、话题、语域等猜测词义；通过关键词、关键结构或上下文等手段对词义进行猜测等。

第四，演绎推理策略。演绎推理策略与推理策略类似，它是指学生应用语言规则来解决外语学习问题的方法。运用某语法规则来理解外语问题就是这一策略的体现。

第五，实践策略。实践策略是指学生为帮助记忆和检索语言使用规则进行练习。重复某一句子直到熟练，仔细听讲并认真模仿，这些都属于实践策略的应用。

第六，监控策略。监控策略是指学生发现错误、观察某一信息如何被听话者接受和理解并做出相应反应的策略。纠正自己的语音、词汇、语法和其他方面的错误都属这类策略的表现。

（2）高中英语语法课堂教学中的认知策略

认知策略认为，在高中英语课堂语法教学中，应当以学生为中心，学生的内在因素起着决定性的作用。教师的作用在于指导学生的学习过程，引导学生运用科学的认知策略获得学习的满意效果。教师还应该根据学生的不同水平，提供不同的语言材料，让学生通过材料去发现并掌握其应该掌握的语法规则，进而把语法规则应用到语言表达中去。

此外，由于英语的学习缺乏实际的语境，教师讲授语法规则时应参照认知过程为学生创造尽可能多的自然环境。教师除了对语言点进行系统的分析与讲解，还应该将语法知识融入具体的语篇或话语环境中去，让高中生尽可能多地获得实际语料。

下面我们介绍几种认知策略在高中英语课堂语法教学中的具体运用方法。

第一，重复。如果学生要掌握语法的构成形式，可以运用重复策略进行练习。例如，学生有时会被要求讲述他的家人或朋友的日常生活习惯，这样学生便有大量的机会运用动词第三人称单数形式。又如，当学生被要求讲述自己的愿望时，他们便会反复用到将来时。这种有意义的重复可以帮助学生对于语法、词汇和短语等的学习，同时在反复运用中学生对所学知识加深了印象，学会了运用技巧。

第二，记笔记。记笔记就是帮助学生将所学的知识按照意义或共同点等进行分类，并利用缩写、符号、图表、数字等方式进行总结。在做笔记的过程中，学生可以通过他们可以理解的输入来强化语法知识的输出，这样可以帮助他们更好地理解和复习语法知识，使得零散的知识点变成一个知识块，从而更全面地学习各项语法知识。

第三，翻译。语法翻译是以母语为基础理解或输出第二语言，这种方法有助于学生认识两种语言之间的基本特征，形成扎实的语言文字功底，也有助于语感的培养。因此，这种方法在目前的语法教学中使用得较多。例如，教师在讲解 it 做先行主语时，可以让学生翻译两个句子，以加深理解。

第四，利用上下文情境。利用上下文情境的目的是把孤立的单词放在具体的语境中学习，即根据语境来进行对话。在教学中，学生习惯于被问及具体某个单词的意思，但是被问者会马上反问道："这个词用在什么语境中？"也就是说，语境不同，即使同一个词也会产生不同的意思，语言的理解与交际不是仅靠语法规则来完成的，还必须依赖具体的语境。正如美国学者大卫·瑞埔曾经说的，任何外语句型训练或课堂练习都不可避免地包括两个变量，即语法和语境。因此，教师应该充分认识到，学生实际掌握英语的语法知识是学习英语的一个重要方面，而知道如何在谈话中正确、有效地使用这些语法知识又是另外一个重要的方面。这便涉及了语境与语法教学的关系。

第五，利用身体动作。利用身体动作来学习语法知识是试图通过模仿母语学习时的经验来学习。在这种学习环境中学生没有压力，可以重复教师所发出的指令。这种指导策略试图让学生在能够输出正确的语言之前训练他们的听力能力，在这个"沉默阶段"，学生只需注意对输入语言的理解，不必担心输出的语言是否准确。

第六，利用视觉形象。这里的视觉形象既可以是真实的图像，也可以是想象中的形象。首先，利用视觉形象这一方法可以帮助学生理解或记忆新信息，同时可以锻炼学生的形象思维能力。其次，利用视觉形象来学习避免了学生学习过程中的翻译，并且能比利用行动学习有更多的讨论机会。

3.社会/情感策略

（1）社会/情感策略的分类

社会/情感策略是构成学生认知活动顺利进行的外围环境因素及学生个体情感因素，主要指合作性策略，用于人际交往或者对情感的控制，它可以为学生提供更多接触语言的机会。在社会/情感策略中，提问以达到澄清的目的以及合作学习是最主要的两种。

第一，问题求解与澄清策略。问题的求解与澄清也就是提问与解答，学生通过提问可以弄清楚不确定的知识或证实自己的想法，同时可以获取更多的未知信息。问题求解与澄清策略就是指鼓励学生在课堂内外主动提问，大胆发言，同学间相互交流学习。

提问是最基本的社交策略之一。一般来说，提问有两个目的，一是对不理解的内容进行澄清，二是确定信息是否正确。然而，我国的语法教学中，大部分学生在语法课堂上不愿主动提出问题，不敢问问题，甚至不懂装懂，这样就错失了许多巩固知识、更新知识的机会。

针对这种情况，在语法教学中，教师不但要鼓励学生大胆提问题，还应注意提问的方式和技巧的转换。对于不同水平的学生，应相应地提出难度适当的问题，这样有利于让学生更积极地参与教学，产生成就感，树立自信，勇于提问和澄清问题。

第二，合作学习策略。合作学习策略兴起于20世纪70年代初期的美国，并在20世纪70—80年代中期取得了实质性进展。合作学习策略是一种富有创意并具有实效的教学理论与策略，它有助于改善课堂内的社会心理气氛，促进学生形成良好的非认知品质，同时可大面积提高学生的学业成绩。因此，合作学习策略很快便引起了世界各国的关注，并成为当代主流教学理论与策略之一。

合作学习是指学生在小组或团队中为了完成共同的任务，有明确的责任分工的互助性学习。协作学习策略不强调竞争，相反，它强调体现团队精神的合作，通过人与人之间的团结互助，相互信任，共同为一个目标而努力。

（2）高中英语课堂语法教学中的社会/情感策略

在高中英语课堂语法教学过程中，学生在学习过程中会有意或无意地使用语言学习策略。我国有关学者曾经对高中英语师生听力策略研究进行调查。结果显示，学生对元认知策略、认知策略、社会/情感策略这三种策略的使用频率从高到低依次是认知策略、元认知策略、社会/情感策略。可见，学生在学习过程中最容易忽略的是社会/情感策略的运用。

然而，在英语作为外语的环境中，社会/情感策略起着极其重要的作用。因此，英语教师应当有意识地将社会/情感策略融入语法教学过程中，目的是帮助学生认识社会/情感策略的作用，帮助他们提高语言表达能力，刺激他们的学习动力，达到更好的教学效果。

众所周知，语法是一个系统而复杂的体系。而对学生来说，语法的学习必然涉及自我情感的控制以及与他人的关系，其成功在很大程度上取决于怎样处理这些因素。由于语言学习和情感态度之间存在密切的联系，而积极的情感有助于学生积极参加学习活动，并获得更多的语言学习机会。因此，帮助学生驾驭自己的情感因素，培养积极的情感状态，克服消极的情感成分，这就显得格外重要。对教师来说，具体可以从以下几个方面进行：

第一，向高中生灌输有关社会/情感策略的特点、效率及使用等方面的知识。对于教师来说，在每一种策略的使用前必须给学生提供详尽的解释，以帮助学生清楚地意识到怎样在具体的语境中运用策略。

首先，英语教师应向学生传授社会/情感策略的相关知识，因为只有先了解了这种策略的运用方法，才能使学生更好地控制情绪，消除不安，减轻焦虑感。具体来说，教师可在语法课堂上指导学生通过静思、深呼吸和自我鼓励等来克服焦虑，完成学习任务；针对学生的长期焦虑心理，教师应通过指导他们完成易实现的短期语法目标、合理安排课外语法任务等方法，并定期记录情绪变化，采取积极措施梳理情绪和自我鼓励等来缓解压力、克服困难、增强信心，从而在语法学习上取得进步。其次，教师应通过社会/情感策略帮助学生加强协作学习能力。通过社会/情感策略的使用，将有助于提高学生的自信和学习兴趣，在互相鼓励、互相合作中获得学习动力，取得更快的进步。最后，教师通过社会/情感策略提高学生的交际能力。运用社会/情感策略可以让学生在交流中得到更多的练习机会并及时地获得关于错误的信息反馈，避免在语法课堂中单一练习某一语言使用的缺点，可全方位地练习使用所学语法项目。

第二，培养并提高运用社会/情感策略的意识。要想培养高中生对社会/情感策略运用的意识，首先需要对他们的语法学习策略进行评价。而教师在进行策略评价之前，要让学生意识到他们目前所使用的策略。在这个阶段，教师需要特别注意学生是否有运用社会/情感策略的意识，或是否明白怎样灵活地运用社会/情感策略。教师可以根据学生的策略的使用水平，利用社会/情感策略设计情境，给学生提供实际的训练并因此而强化社会/情感策略的运用，调动学生的学习积极性，提高学生的学习动机及自主学习的能力。在这一过程中，教师可以先通过让学生列出他们平时经常使用的语法学习策略来了解学生使用策略的情况，然后给出一些指导性的建议，帮助他们增强使用策略的意识，进而促使学生能够进行独立的、自我指导性的学习。

第三，要求学生之间进行合作。为使高中生实地操练社会/情感策略，教师可以要求学生之间进行合作。通过师生之间以及学生之间的互动式交际方法，完成每项有趣的、有意义的学习内容，使学生既学了知识又提高了运用知识的能力。在这里，合作是相互认同、相互接纳，是为了实现共同的目标而共同努力。学生在英语学习中乐于合作，善于运用积极相互依赖策略。学生可以分成几个小组，每个小组的成员可以互相交换不同的意见，分享不同的学习经验，完成一定的任务。在高中英语课堂语法教学中，通过小组、组际、师生间的合作讨论，共同解决新的问题、掌握新知识。这样，既可以扩展高中生之间、师生之间的交流，提供学生间互助互学的机会；又帮助学生在积极的相互依赖中，善于发现别人的长处，善于进行角色的转换，能够站在别人的立场上看待问题，用欣赏的眼光看待别人的见解和任务的完成。同时，在合作中，学生勇于承担小组中的个体任务，相信自己的能力，敢于创新，个性化地表达自己的观点，实现自己的价值。这样一来，在合作过程中，既能通过互相学习取长补短，又能体现自我价值。

第三节　语法课堂教学的创新视角研究

在高中英语课堂教学中，语法是其重点与难点，语法教学起着十分重要的作用。随着高中英语教学改革的推进与深入，英语教学对于听说能力更加重视。基于此，本节笔者以语法故事化教学在高中英语语法教学中的应用为例对英语语法教学的创新进行研究。

一、语法故事化概要

语法故事化并非着眼于学生的应试高分，而旨在解决高中生在其语法学习中实际存在的问题；语法故事化探寻语法教学模式新的可能，综合提升学生的综合素养，激发英语教师的不断提升，语法故事化教学期望通过创新的思想和模式培养更多创新型人才。下面笔者将从语法故事化的内涵及其理论依据两个主要方面对语法故事化教学的含义、作用进行简要描述和阐释，为语法故事化教学模式的构建奠定内容及理论基础。

（一）语法故事化的内涵

语法故事化，顾名思义就是把系统典型的语法知识改编成完整生动的故事的一种语法教学形式。语法故事化教学侧重学生在故事的情境中，以故事的形式建构知识、习得知识，并将其内化和系统化。它不同于以往所提出的故事教学法，但是我们可以通过对比两者之间的异同来更好地理解其内涵。两者既有区别又有联系，语法故事化不仅是在教学模式以及创设情境中积极运用故事，而且还把系统的语法知识改编成故事。以往故事化教学以及情境教学最能体现其优势的环节就是导入环节。导入需要具备针对性、启发性、趣味性、新颖性、简洁性、愉悦性、灵活性、形象直观性以及一定的审美价值。而故事化的导入恰恰涵盖了几乎所有导入需要的特性。此外，传统的语法教学模式中，往往采用未经创新和发展的语法翻译法，高中英语语法教学课堂单调乏味，影响和制约着课堂效率的提高，学生主体地位未得到彰显，学习的积极性未被明显调动起来，教师仍然是整个英语语法课堂的主宰者。因此，未来的语法教学，应以此为主要的探索区间。在教学过程中切实发挥学生主体地位，才能够显著调动其积极性，不断培养其创新思维和独立解决问题的能力。所以，在新课程标准下，高中英语语法课堂教学过程中，应积极采用情境教学的方法，为学生营造积极学习的情境，调动其主动性，使课堂的学习氛围更活跃，模式更新颖，内容更生动，课堂更先进，更合理，更科学，更高效。[①]

而语法故事化恰好契合了此需求，因为语法故事化不仅是在教学模式以及创设情境中积极运用故事，而且还把系统的语法知识改编成故事。因此，语法故事化教学不仅继承了传统故事化教学以及情境教学中利用故事导入并创设情境的优势，还将作为教学内容的系统语法知识改编成故事，达到在故事情境中学习以故事为内容及载体的新知的目的。

---

①唐燕.语法故事化在高中英语语法教学中的应用研究[D].聊城：聊城大学，2018.

语法故事化要求无论从教学形式上还是从教学内容上都基于故事，始于故事，学于故事，终于故事，成于故事。

在故事情境中，人们可以较轻易地袒露自我，让故事中的主角和情境发展有无限可能。语法故事化教学过程是教师和学生在愉悦和活力的课堂氛围中进行思维交流和碰撞，产生无穷智慧的过程，契合了学生成长的需求，提升了知识建构和语法课堂学习的质效。但值得说明的是，在故事化语法教学中语法故事的运用要注重整体考虑与设计，才能充分发挥语法故事的教学价值。此外，不容否认，语法故事的创作难度较大，需要深谙语法知识的精髓，必须是由专业的教师专家团队带领开发，结合一线教师对学生的了解和大量的实践经验，完成一个动态发展的开发创作过程，并不断地改良完善。它应当是发展的、动态的，而非一成不变的。故事的创作过程需注重学生参与，师生互动及思维碰撞与融合。其对教师的专业水平和创造力都有较高要求，同时也最大限度地锻炼学生的创造力和想象力，对其思维品质的发展和文化素质的提高有较大的意义和价值。学生不仅能在故事的情境中学习，还能以故事的形式将所学知识串联，课堂生动性和趣味性提高的同时，作为学习主体的学生能够真正享受英语课堂，对于知识的掌握更高效，印象更深刻，运用更灵活，能够更积极主动探索创造，使语法知识体系的建构更高效。

（二）语法故事化的作用

语法故事化的作用主要有以下三点：

第一，丰富充盈课堂，激发学生探索热情，提高教学效率。第二，在故事模型中建构新知，全面提升学生思维品质。第三，鼓励个性化表达，赋予学生成就感，促进自我完善。

二、语法故事化教学模型构建

结合对语法故事化教学理论基础的论述可知，故事化教学不应是形而上的理念，更重要的是对其整体模型呈现和实现途径加以阐释。笔者主要从宏观建模、构成要素、微观实践三个层次阐释故事化教学模型的构建过程。

（一）宏观建模

立体化的语法故事化教学模型的探索与构建主要包含教学主题选择、内容组织、进程推进、延伸活动设计、设置目标过滤器五个板块。

1.恰当选择语法故事化教学主题

主题的选择异常关键，关乎高中英语课堂语法教学的成败，关乎效度，关乎发展。首先，语法故事化主题的选择应针对语法知识的难度、深度和容量进行有效区分。如果语法知识较为初级，则应选择较具体的概念，即有关类别的下游选择主题。其次，语法故事化主题的选择应针对学生学习的具体需要。只有针对其学习跟成长的需要来做的主题选择，才是有效的选择。再次，语法故事化主题的选择应顾及学生接受能力和理解水平。主体的选择需要与学生的认知水平相契合，否则过难或过易都会降低语法学习的有效性。最后，主题的选择应兼顾语法知识内容的特点。如果要学习的语法知识是较为深刻且内涵丰富的，就应选择较高阶的故事主题，如果内容相对较少，则应选择外延较少的故事主题。此外，教师在自己或者引导高中生创编语法故事而选择主题时，应注意考虑故事的选择与语法知识的吻合度问题，并且尽量保持故事主题的艺术性和教育性。

2.语法故事化教学内容组织

在构建语法故事化教学模式时，需要对二元对立和二元对偶的概念进行明确。二元对立的双方是正反对立的，如黑与白、美与丑、善与恶；而二元对偶的两方虽在表面上看来不是对立关系，但实践上属此消彼长的关系。二元对立结构策略在故事中被广泛运用，矛盾双方的冲突被嵌入故事情节中，并借助其中的人物和事件具体化这些潜在的抽象冲突。故事内容的选择和组织以抽象的二元对立为标准，并将其作为故事发展的主要结构线索。二元对立是建构高中语法教学故事形式模型时组织和选择内容的重要工具。运用好此工具是语法故事化教学内容成功组织的关键所在。

3.语法故事化教学进程推进

通过二元对立组织的故事化教学内容，将丰富的叙事脉络提供给语法教学，并以此叙事脉络为主线基于高中生心理发展的需要而进行故事情境创设，同时将内涵丰富语法知识的课程内容信息纳入教学内容体系中，成为统整教学内容的最佳载体。故事情境呈现新知的形式是具体的问题模块，将教学起点设为学生先前建构的知识和经验，注重并引导学生对故事角色进行体会和扮演。师生进行课程学习的有效方式是共同交互式探究。在学习共同体中寻求问题的答案并建构新的知识体系。故事脉络为教学提供了新颖、真实且有意义的学习情境。学生通过对故事中自然出现的角色扮演，解决其在学习生活中遇到的问题，并享受此学习过程。

4.利用语法故事性特质设计系统延伸活动

延伸活动的环节旨在帮助高中生亲历、感受语法故事的延续与发展，深化学生对语法故事的理解，升华其语法经验，使其对语法知识的认识更透彻、全面、系统。经验以经历为基本载体，在语法故事化教学拓展环节中，利用精神和价值指导高中生实践活动的自由化这一目标并不能在此过程中充分实现，必须相应设计有延展性和实践性的经历与体验。语法故事化教学模式主张秉承让学生在课堂上体验语法故事，并对其进行改编和运用。在此基础上结合语法故事脉络开展探究实践活动以加深其印象，增强其体验感。在学和做的结合中巩固新知应将其应用于实践。在理念层面，让学生情境性地体验语法故事的内涵，并引导学生通过探究、讨论和反思，理解精神与价值的实践条件，进而统整和升华所获得的个体经验的价值和意义。在能力培养层面，强调学生体验与反思的结合，培养其问题意识和批判主义精神的同时通过不断地探究、合作、沟通和交流，提升学生的合作能力和研究意识及发现问题、解决问题的能力，提升学生必备的基本核心素养。此外，延伸活动的设计，最好结合学生实际生活或学习中的实际困难，提升其综合能力的同时，更能赋予其成就感，培养其自信心。

5.设置目标过滤器

目标过滤器作为阶段活动导向的目标系统，是阶段活动的导引和规约。首先，总体目标要经由目标过滤器对其阶段活动进行细化、明晰。

其次，活动的具体规约应借助目标过滤器来实现。语法故事化教学模式的教学首要目标就是要充分调动学生的主观能动性，并将学生内含的语法课程资源开发出来。整个语法故事化教学过程是开放的、兼容的、自由的。这种自由保障了教学活动的针对性和适应性的同时，也不可避免会有"自由异化"现象的产生，进而导致语法教学过程无规约和中心。

为此，目标过滤器的设置便有了不可或缺的意义。只有教师的控制和高中生的自由达到了平衡点，才能真正地达成学生自由而全面地发展。目标过滤器的设置也应有具体的要求：首先，将阶段性活动的特征考虑在内。其次，目标必须清晰具备可测量性或可观察性。教学目标的设计要做到对需要学习的语法内容和行为的良好规约，避免学生离题或失焦。最后，目标设置需做到精确。目标过滤器是阶段活动开展的基本导引，因此只需包括最基本、最需要突出的、最具代表性的少数目标，达成学生有规约的自由行动，实现高效高中英语语法课堂教学。

在语法故事化教学模式五个主要板块确立后，需要保障此模式在运行使用时四个要素的健全，从而进一步明确和细化教学模式的内容。

（二）构成要素

1.教学目标

语法故事化教学模式要求无论从教学形式上还是从教学内容上都基于故事，始于故事，学于故事，终于故事，成于故事。语法故事化教学模式对高中英语教师的专业水平和创造力都有很高的要求，同时也能极大程度地锻炼高中生的创造力和想象力，对其思维品质的发展和文化素质的提高也很有价值。语法故事化的教学目标主张让学生不仅能在故事的情境中学习，还能以故事的形式将所学知识系统串联，活化语法课堂气氛，让学生真正享受英语语法课堂，使其对于知识的掌握更高效，印象更深刻，运用更灵活，让学生真正不再惧怕晦涩难懂的英语语法，积极主动探索创造。

2.生态环境

高中英语教师、学生及其互动所构成的语法课堂生态实体就是课堂生态环境。社会化的生态课堂环境是语法故事化教学重要的构成要素。

该课堂环境重视师生合作交互的探究模式。注重营造以学生为本的、民主的、开放的人文交流氛围。该环境以达成课堂生态螺旋上升的高水平协调与平衡为目标以求实现课堂环境与生活世界的信息互通与开放。根据美国语言教育家克拉申的情感过滤假说，学生的情感因素在学习过程中充当过滤器的作用，对语言学习起着促进或阻碍的作用。积极情感可降低过滤，在有充足可理解性输入的情况下，语言习得就会发生。因此，教师应该努力为学生营造宽松、民主、和谐的教学氛围，积极创设高中英语语法课堂生态环境。

3.教学材料

语法知识、学生经验、学生在探究活动中收集和挖掘的资源以及语法教学活动的开展过程都可作为语法故事化教学模式的教学材料。其中，语法知识经过教师精心地设计，隐含在故事脉络和探究活动过程中。高中生已有的经历和经验，以及其通过收集和挖掘课堂生态系统外的资源甚至其实践过程都是教学材料中不可或缺的部分，这是语法故事化教学模式与其他教学模式不同的地方。

4.课堂教学评价

高中英语语法课堂教学评价是语法故事化教学模型构成的一个关键要素。其评价应当是结合教师评价与学生互评以及个人评价的多元性评价，其中教师评价即教师叙事研究。其涵盖的内容包括课程设计、教学活动开展、自我表现以及对高中生发展的总体评价。做到反思评价资料中显示的未达成目标的产生原因，或审视目标本身的设置是否妥当。学生的评价包括自我评价和团队评价，其主要目的是帮助高中生个体树立自信心并建立客观性参考系，促成其自我认同的建立。

（三）微观实践

在模型主要板块确立，重要构成要素健全之后，需进一步细化其操作流程即要跟进此模式在真正进入高中英语语法教学课堂时的实操步骤。

1.情境创设

情境创设就能引导高中生快速进入学习状态之中，让其在无觉察的情况下习得知识，在潜移默化中受到教育，是激发学习兴趣，创设生态课堂环境，保障课堂实效的关键一环。真实的语境能将语言的习得与应用紧密联系，引导学生正确理解并深刻领会新的语言学习材料，并提高其文化素养，实现"教人、教文化、教语言一体化"。

语法故事化教学模式中应更注重此环节，它是确保高中生能处于模拟或真实交际情境中的出发点，是激发高中生兴趣和想象力的第一步，更是确保语法故事化课堂高效完成的关键一环。

2.语法故事创编

语法故事化教学对教师的专业素养要求较高，对其专业性是一项挑战。其中最难的环节就是在其进行语法故事创编时，很难发掘适合的故事题材。因此，语法故事资料库的建立便有了意义。资料库的建立可依赖于专业语料库的使用和语法故事化课堂生成的语法故事扩充。教师平时应注重多元化故事的收集和分类。可按"语法故事主题"和"语法故事类型"为分类标准。但故事题材的收集只能作为故事创编的前提，教师应当通过组合和创生将语法故事进行改组和创编。使故事的主题更能引发课堂学习中的核心问题，从而使课堂探讨更高效，避免失焦和无效。同时，应确保故事的主题具有可迁移性，便于高中生将探究主题与生活情形联系，从而唤醒其生活经验，引发高中生更深入地探索和思考，推动探讨活动的开展。此外，应注意故事脉络清晰化，从而使高中生更易于把握故事发展逻辑，更快地理解和接受来自故事的启示。最后，故事应符合高中生的认知水平。难度太低不能形成信息流，无法激发学生兴趣；难度太高，学生会因难以理解而失去信心。

语法故事化教学模式除了强调教师在创编语法故事中的重要作用以外，更加注重通过教师的引导和启发，让高中生经过对语法知识的系统探索之后，自主创编语法故事脚本，并通过小组合作探究的方式深入讨论故事与语法知识的吻合程度及其合理性、科学性、生动性、形象性、艺术性和启发性。学生在进行语法知识创编的过程中可借助思维导图进行，节省了时间的同时更有助于其思维品质的提升。创编和讨论的过程能使学生语法知识的研究与认识更深入，锻炼思维和语言表达能力，增强研究意识和创新意识。

3.脉络检视

脉络检视要求教师结合教学实际，对所创作的语法故事进行检视，把控其对于语法课堂教学活动开展的支持度。根据实际需要以及教学目标和对故事内涵资源的分析，对故事文本进行修正。

第一，脉络检视主要是检视故事是否有整体感，是否围绕某主题或者中心展开。第二，检视故事和语法知识之间是否有较高的契合度，脉络是否清晰而有条理。第三，检视故事的现实合理性。第四，检视故事中的逻辑关系。第五，检视其文化内涵和对学生的教育性和启发性。第六，检视故事的中心思想是否能衍生思考，学生对此会产生何种心理反应。

4.语法故事探讨

（1）语法故事呈现

语法故事的呈现如同人的第一印象一样具有非同一般的意义和作用。语法故事呈现过程中要求教师或学生应具有情境感染力、语言张力与解释力，条理清晰，生动形象，引发倾听者的兴趣和思考。其中需要着重强调的就是其自我解释的张力，即能将故事中嵌入的语法点既巧妙又自然地介绍给倾听者，并使之成为其思考的衍生点。

（2）脉络分析

语法故事化课堂上高中生关于语法故事的探讨，即脉络分析。讨论的开展形式主要是教师引导下的小组合作探究。由教师掌握探讨的总体趋势，高中生则就具体问题发表个人观点，并进行一定程度的拓展、迁移和优化。这能够保证高中英语语法课堂教学活动的开展对于教学目标的支持度并避免因学生认知、分析问题有一定程度局限性而引发的课堂讨论无规约的过度自由，确保课堂有效性。

教师引导与学生之间探讨相结合，对语法故事脉络及其合理性、科学性、艺术性、启发性进行多维度多层次的评价、鉴赏，保障了课堂的层层有序推进和高效实施，使师生在更加和谐、民主的氛围中进行更有趣、深刻、系统的知识建构。

（3）学生经验叙事

美国现代认知心理学家加涅和奥苏贝尔的研究表明，人类在学习新知过程中，离不开已掌握的知识，运用已有的认知结构去同化新知识，将新知识纳入已有的认知结构中，产生新的认知结构，达到新的认知水平。我国现代外语教育家、南京大学教授张士一先生指出，让学生在生活环境中汲取语言。可见，学生的经验对其建构新知有举足轻重的作用。

高中生经验叙事是在其已经构思的语法故事基础之上，对其经历和思考的叙述，是思维重整和生成过程，是其自主化更新、审核既成语法故事的心路历程。学生经验叙事可帮助学生整理其经验，组建个体认知网络、明确概念，调试、重构其价值体系。基于实践操作的可行性分析，其实此阶段可以与脉络分析相融，但为了开发某个或某些学生经验所内含的语法课程资源，使学生在班级范围内就某个语法问题有所感触、经历，则需将其设为独立环节。

第七章 高中英语教学实施

第一节 英语教学实施的原则

一、面向全体学生，为学生终身发展奠定共同基础

高中英语课程的教育教学要面向全体学生。高中学生应该形成的英语共同基础是持续的学习动机和初步的自主学习能力以及综合语言运用能力。高中英语课程要特别着重培养学生用英语获取信息、处理信息和传达信息的能力，分析问题和解决问题的能力以及用英语进行思维和表达的能力。

为了帮助学生打好高中英语课程的共同基础，教师要鼓励学生通过体验、实践、讨论、合作和探究等方式，发展听、说、读、写的综合语言技能，要创造条件让学生能够探究他们自己感兴趣的问题并自主解决问题，要特别强调让学生在人际交往中得体地使用英语。

由于学生现有的语言能力以及学习方式等方面存在差异，高中英语课程的教学设计不但要符合学生的生理和心理特点，还要考虑不同学生

的不同情况。只有尊重学生的差异并满足不同学生的不同学习需求，才能真正实现面向全体学生、为学生的终身发展奠定共同基础的目标。

二、鼓励学生学习选修课程，加强对选修课的指导

设置选修课是高中课程改革的一个重要举措。开设选修课程的主要目的是为学生提供多样化选择的余地和发展个性的空间。开设选修课还有利于扩大学生的知识面，并在一定程度上实现跨学科学习，也为学生规划人生提供实践的机会。必修和选修课程共同促进学生的英语素养的形成，满足学生的个人需求。因此，选修课程与必修课程的内容应该相辅相成。

三、关注学生的情感，营造宽松、民主、和谐的教学氛围

学生只有对自己、对英语、对英语学习以及英语文化有积极的情感，才能保持英语学习的动力并取得成绩。消极的情感不仅会影响学生英语学习的效果，而且会影响学生的全面发展和长远发展。高中学生正处于向成年转化的特殊时期，也是人生观初步形成的重要时期。因此，在高中英语教学中教师要特别关注学生的情感，对学生平等相待，尊重每个学生，尤其要关注性格内向或学习有困难的学生，积极鼓励他们在学习中努力尝试。教师要创设各种合作学习的活动，促使学生互相学习、互相帮助，体验集体荣誉感和成就感，发展合作精神，建立融洽的师生交流渠道，努力营造宽松、民主、和谐的教学氛围。

四、加强对学生学习策略的指导，帮助他们形成自主学习能力

高中学生应该形成适合自己学习特点的学习策略，并能根据自己的学习需要不断地调整学习策略。教师要引导学生主动学习，帮助他们形成以能力发展为目的的学习方式，鼓励学生通过体验、实践、讨论、合作和探究等方式，发展听、说、读、写的综合语言技能。要为学生独立学习留有空间和时间，使学生有机会通过联想、推理和归纳等思维活动用英语分析问题和解决问题，获得经验，增强自信，提高能力。在教学中教师还要引导和鼓励学生积极利用其他学习资源完成学习任务，解决学习中的困难。要通过设计丰富多样的课内外学习活动，使学生在参与

交际活动的过程中形成交际策略。教师要注意帮助学生独立制订具有个性的学习计划，并根据自我评价不断修正和调整自己的学习计划。教师要经常与学生一起反思学习过程和学习效果，互相鼓励和帮助，做到教学相长。

五、树立符合新课程要求的教学观念，优化教育教学方式

教师的教学理念、教学方式与教学方法要符合新课程的需要。课堂教学应改变以教师为中心、单纯传授书本知识的教学模式。教师应帮助学生发展探究知识的能力、获取信息的能力和自主学习的能力。

教师在教学中要注意发展学生的批判性思维能力和创新精神。课堂教学活动的设计应有利于发挥学生的创造力和想象力。在教学中应增加开放性的任务型活动和探究性的学习内容，使学生有机会表达自己的看法与观点。教师要鼓励学生学会合作，发展与人沟通的能力。教师在设计教学任务时，可以根据不同学生的情况设计不同的任务，使所有的学生都能进步。

英语教学中的任务指有利于学生用英语做事情的各种语言实践活动。[①]任务的设计一般应遵循下列原则：

①任务应有明确的目的；

②任务应具有真实意义，即接近现实生活中的各种活动；

③任务应涉及信息的接收、处理和传递等过程；

④学生应在完成任务的过程中使用英语；

⑤学生应通过做事情完成任务；

⑥完成任务后一般应有一个具体的成果。

六、利用现代教育技术，拓宽学习和运用英语的渠道

教师要充分利用现代教育技术，开发英语教学资源，拓宽学生学习渠道，改进学生的学习方式提高学生的学习效率。在条件许可的情况下，教师应充分利用各种听觉和视觉手段，丰富教学内容和形式，促进

①杨成林，赵勇. 高中英语文化知识教学的原则与策略[J]. 黑龙江教育（教育与教学），2022（12）：84-86.

学生课堂学习；利用计算机和多媒体教学软件，探索新的教学模式，促进学生个性化学习；要开发和利用广播电视、英语报刊、图书馆和网络等多种资源，为学生创造自主学习的条件。

教师要努力学习现代教育技术，合理利用现代信息技术，实现现代信息技术与英语教学的整合。

七、教师要不断提高专业化水平，与新课程同步发展

①教师要转变教育教学观念，以适应新课程提出的新要求。

②教师要转变在教学中的角色，教师是知识的传授者，学生学习的促进者、指导者、组织者、帮助者、参与者和合作者。

③教师要具备开发课程资源的能力，创造性地完成教学任务。

④教师要形成开放的教学和研究的工作方式，经常开展教师间的合作与研究，共同反思，相互支持，相互学习，共同提高业务素质。

⑤教师必须具备终身学习的意识与能力，努力适应社会发展对教师专业化能力提出的新要求。

第二节 高中英语课堂教学的基本步骤和方法

一、教学的基本步骤

（一）备课

1.备课的定义

备课是教师根据学科课程标准的要求和本门课程的特点，结合学生的具体情况备课，选择最合适的表达方法和顺序，以保证学生有效地学习。

2.备课分类

备课分为个人备课和集体备课两种。个人备课是教师自己钻研学科课程标准和教材的活动。集体备课是由相同学科和相同年级的教师共同钻研教材，解决教材的重点、难点和教学方法等问题的活动。

（1）教研室集体备课学期（或学年）教学进度计划

在学期（或学年）开始以前制订教学进度计划。它的作用在于明确整个学期（或学年）教学工作的任务和范围，并做出通盘的安排。它一般由两部分组成：一是总的说明，包括教材、学生基本情况的分析，教学目的，教学总时数，预定复习、考试和考查时间等；二是教学进度计划表。

（2）单元（或课题）计划

在一个单元（或课题）的教学开始以前制订单元计划。它的作用在于对一个单元的教学工作进行全面安排。包括单元（或课题）名称、教学目的、课时分配、课的类型、教学方法、电化教学手段和教具的利用等项目。

（3）课时计划（教案）

上每节课之前制订课时计划。课时计划就是教师对每一节课进行的缜密设计,是教师讲课的依据,它直接关系到课的质量。它一般包括以下几个项目：班级、学科、课题、教学目的、上课时间、课的类型、教学方法、课的进程和时间分配等。有的还列有教具、板书设计和课后自我分析等项目。上课进程中，对原定课时计划，有时根据具体情况可做适当调整。

3.备课要求

（1）钻研教材

钻研教材包括钻研学科课程标准、教科书和阅读相关参考书。首先，专研学科课程标准是指教师要清楚本学科的教学目的，教材体系、结构、基本内容和教学法的基本要求；其次，钻研教科书是指教师要熟练掌握教科书的内容，包括教科书的编写意图、组织结构、重点章节等；最后，教师应在钻研教科书的基础上广泛阅读有关参考书，精选材料来充实教学内容。

（2）了解学生

首先要考虑学生的年龄特征，熟悉学生身心发展特点；其次，要了解班级情况，如班风等；最后，要了解每一个学生，掌握他们的思想状况、知识基础、学习态度和学习习惯等。

（3）设计教法

教师在钻研教材、了解学生的基础上，要考虑用什么方法使学生掌握这些知识以促进他们能力、品德等方面的发展，要根据教学目的、内容、学生特点等来选择最佳的教学方法。

4.集体备课需坚持的原则

（1）统一性原则

集体备课的实质是同步教学，具体实施中教学目标、教学进度、作业训练、资料使用、检测评估等必须统一。特别是教学进度和目标检测，一旦失去了统一，就不能在集体讨论中获得正确的信息，及时矫正教学实践。

（2）超前性原则

分配撰写备课提纲的任务和提供备课提纲要有一定的超前性，任课教师的提纲准备任务在制订学期教学计划时一并分配，便于教师早做准备，收集资料，钻研大纲和教材。备课提纲的讨论一般要提前一周。

（3）完整性原则

划定备课任务应考虑到教材内容的内在联系，保持其内容的完整性。一般依据教材的单元或章节来划分比较合适，切忌人为地将教材割裂开来。

（二）课堂教学操作步骤

①热身或导入（Warming-up or leading-in）；

②语言呈现（Presentation）；

③巩固练习（Practice and consolidation）；

④实际运用（Language using）。

（三）教学后自身教学反思

高中英语教师尤其是年轻教师应加强对教学实践的反思和优化，实现自身的专业成长。

二、教学方法的选择

课程标准倡导任务型教学法。

（一）任务型教学法定义

任务型教学法以任务组织教学，在任务的履行过程中，以参与、体验、互动、交流、合作的学习方式，充分发挥学生自身的认知能力，调动他们已有的目的语资源，在实践中感知、认识、应用目的语，在"做"中学。它由教学目标、信息输入、活动方式、师生角色、教学环境等要素组成。任务型教学法注意信息沟通，活动具有真实性而且活动量大。课堂教学应具有"变化性互动"的各项活动，即任务。[①]

（二）任务型教学法主要优点

①完成多种多样的任务活动，有助于激发学生的学习兴趣。

②在完成任务的过程中，将语言知识和语言技能结合起来，有助于培养学生综合的语言运用能力。

③促进学生积极参与语言交流活动，启发想象力和创造性思维，有利于发挥学生的主体性作用。

④在任务型教学中有大量的小组或双人活动，每个人都有自己的任务要完成，可以更好地面向全体学生进行教学。

⑤活动内容涉及面广、信息量大，有助于拓宽学生的知识面。

⑥在活动中学习知识，培养人际交往、思考、决策和应变能力，有利于学生的全面发展。

⑦在任务型教学活动中，在教师的启发下，每个学生都有独立思考、积极参与的机会，易于保持学习的积极性，养成良好的学习习惯。

（三）任务型教学法基本原则

1.真实性原则

在任务设计中，任务所使用的输入材料应来源于真实生活，同时，履行任务的情境以及具体活动应尽量贴近真实生活。当然，"真实"只是一个相对概念，任务设计的真实性原则也不完全反对非真实语言材料

---

①韩蕾. 高中英语有效课堂教学的方法研究[J]. 中学生英语，2021（18）：108.

出现在课堂任务中，但有一点是肯定的，就是要尽量创造真实或接近于真实的环境，让学生尽可能多地接触和加工真实的语言信息，使他们在课堂上使用的语言和技能在实际生活中同样能得到有效的应用。

2.形式/功能原则

传统语言练习的最大不足之处便是语言脱离语境、脱离功能，学生可能知道不同的语言形式，但不能以这些形式得体地表达意义和功能。形式/功能原则就是在真实性原则的基础上，将语言形式和功能的关系明确化，让学生在任务履行中充分感受语言形式和功能的关系，以及语言与语境的关系，增强学生对语言得体性的理解。

3.连贯性原则

这一原则涉及任务与任务之间的关系，以及任务在课堂上的实施步骤和程序，即怎样使设计的任务在实施过程中达到教学上和逻辑上的连贯与流畅。任务型教学并非指一堂课中穿插了一两个活动，也并不指一系列活动在课堂上毫无关联地堆积。任务型教学是指教学通过一组或一系列的任务履行来完成或达到教学目标。在任务型教学中，一堂课的若干任务或一个任务的若干子任务应是相互关联、具有统一的教学目的或目标指向，同时在内容上相互衔接。

4.可操作性原则

在任务设计中，应考虑到它在课堂环境中的可操作性问题，应尽量避免那些环节过多、程序过于复杂的课堂任务。必要时，要为学生提供任务履行或操作的模式。

5.实用性原则

任务的设计不能仅注重形式，而不考虑它的效果。课堂任务总是服务于教学的。任务设计者要尽可能为学生的个体活动创造条件，利用有限的时间和空间，最大限度地为学生提供互动和交流的机会，达到预期的教学目的。

6.趣味性原则

任务型教学法的优点之一便是通过有趣的课堂交际活动有效地激发

学生的学习动机，使他们主动参与学习。因此，在任务设计中，很重要的一点便是考虑任务的趣味性。机械的、反复重复的任务类型可使学生失去参与任务的兴趣，因而任务的形式应多样化。需要注意的是，任务的趣味性除了来自任务本身之外，还可来自多个方面，如多人的参与、多向的交流和互动，任务履行中的人际交往、情感交流，解决问题或完成任务后的兴奋感、成就感等。

（四）任务型教学法操作模式

任务型课堂教学的三个步骤：

1.任务前（Pre-task）

教师引入任务。

2.任务环（Task-cycle）

学生结对或分组执行任务以及报告任务完成情况，教师协助。

①任务（Task）：学生执行任务；

②计划（Planning）：各组学生准备如何向全班报告任务完成的情况；

③报告（Reporting）：学生报告任务完成情况。

3.任务后（Post-task）/语言聚焦（Language focus）

①分析（Analysis）：学生通过录音分析其他各组执行任务的情况；

②评价（Check）：学生自评、小组互评、教师总评；

③操练（Practice）：教师总结语言特点和用法，学生在教师指导下练习语言。

任务型的课堂教学中教师在教的过程中要做的首要环节就是呈现任务，让学生在任务的驱动下学习语言知识和进行技能训练。这样的学习过程是任务驱动（task-driven）的过程，它有利于提高学生的学习兴趣和增强学生的学习动力，同时也有利于体现任务的真实性。

任务环是实施任务型课堂教学的核心部分。任务型课堂教学活动根据其交互特点可大致分为五类：故事链任务（小组中每人讲一段故事，全小组讲完整个故事）；信息差任务（两组或多组信息互补，协商完成任务）；解决问题任务（围绕一个问题或根据一系列信息，找出解决问题的办法）；做决定任务（围绕一个和多个结果，通过协商或讨论作出选择）；观点交换任务（通过讨论，相互交换意见，不必达成共识）。在丰富多彩的任务的驱动下，学生就能运用自己的思维通过完成具体的任务主动地去习得英语，积极、主动地参与到各种任务中来，真正地做到"learning by doing"，并从中获得和积累相应的学习经验，享受成功的喜悦。

任务的完成是任务型教学程序的最后环节。在时机成熟时，教师就可以让学生围绕新知识点、突出主题进行迁移操练，学生通过完成任务学到的知识和形成的技能转化成在真实生活中运用英语的能力。

（五）设计任务型语言活动应注意的事项

①活动要有明确的目的并具有可操作性。

②活动要以学生的生活经验和兴趣为出发点，内容和方式要尽量真实。

③活动要以教师为主导和学生为主体，活动要尊重学生个体差异。

④活动要能够促使学生获取、处理和使用信息，用英语交流，发展用英语解决实际问题的能力。

⑤活动不应局限于课堂教学，而要延伸到课堂之外的英语学习和生活中。

第三节　高中英语课堂活动实施办法

一、英语新课导入方法

（一）直观导入法

直观导入法是指通过具体的实物、图片、简笔画、照片、幻灯片、录音、音乐、录像、视频等手段导入教学。它往往能直接引起学生的兴趣，将学生的注意力集中起来。直观的手段要比言语描述更为清晰明了，更容易激起学生的好奇心。[1]

---

[1]姬亚南.高中英语优质课导入活动观察研究[D].聊城：聊城大学，2021.

（二）课堂游戏导入法

针对学生年龄阶段的心理特点，教师可以参考直接式沟通教学法（Total Physical Response,TRR），变换导入形式，用英语小游戏将学生的多项器官调动起来，以培养他们兴趣和积极的学习态度。

（三）创设情境导入法

创设情境导入法是指教师在教学开始刻意创设一种情境把学生带入预定的包含一定情感的意境中，让学生心灵深处受到强烈震撼而产生共鸣，从而与所要学习的知识遥相呼应。在教学中有意识、有目的地创设情境，并使这种情境具有鲜明的时代性、地方性、参与性，就能激发学生的求知欲望，促使学生投身于教学活动中，使教学过程成为一个充满问题的活动过程。

（四）多媒体导入法

多媒体是目前教学中教师普遍采用的一种教学手段。由于多媒体具有集图形、声音、动作、板书于一身的特点，可以激发学生的耳、眼、口、脑器官整合。而且如果设计得当，多媒体也比较能够体现教学内容的逻辑承接关系。

（五）故事情节导入法

教师可以根据具体的教学内容，恰当穿插一些趣味性较强且寓意深刻的故事，不仅可以活跃课堂气氛，激发学生学习兴趣，加深学生对课本内容的理解，还能通过直接经验和间接经验相结合的规律来进一步提高学生的思想觉悟。

（六）英文歌曲导入法

英文歌曲是一种很能活跃课堂气氛的教学形式，因为学生对于英文歌曲相当喜爱，他们会觉得用英语来唱歌是一件很有成就感的事情，所以教师在教学时可以巧妙抓住学生的特点，利用美妙的音乐来提升学生学习英语的兴趣，达到在音乐缭绕的氛围中导入教学内容的目的。

（七）悬念式导入法

恰当的悬念是一种兴奋剂，教师在教学中给学生设下悬念，能勾起学生强烈的破疑愿望，激起他们寻根探源的兴趣，从而促使学生迈过"信息沟"，实现交际过渡。

（八）比较导入法

教师讲授新课时，如果能把内容相近、相反或相同的可比性知识放在一起进行对照、比较，就能帮助学生把类别性的知识链接起来，使他们在头脑中有一个链条式的记忆锁，提高学生进行抽象概括思维的能力，巩固学生头脑中知识的记忆，达到新旧结合的目的。

（九）谈话导入法

教师可以利用上课刚开始的几分钟和学生进行随意地交谈（free talk），让学生在不知不觉中随老师进入新课。这种师生之间的随意交谈使学生感到自然、亲切，话题没有限制，不过熟悉的话题更能引起学生兴趣。然后教师可因势利导，开始上新课。这种方法过渡自然，能把学生从无意注意引向有意注意，加深对新课的印象，有助于培养和提高学生运用英语进行交际的能力。

设计导入时应注意几个问题：

①导入的时间不宜过长，形式不宜过于复杂，以激发学生的兴趣为宗旨。

②如果一节课中涉及的新知识点较多，应根据教学内容，采用多种导入方式，做到有序合理安排、巧妙组合、分步呈现。

③在进行导入教学时，教师要充分考虑所教学生的特点，尽量多采用形式活泼、手段灵活的方法来导入教学内容，同时要变化，不要使学生产生疲倦以至分散注意力。

④采用体态语言时，要得体、大方，切忌展不开或展得太开，影响教学效果。

⑤采用多媒体配合教学任务时，切忌颠倒了教学内容是主体的思想，教学流程设计不能只为多媒体服务。

二、课堂提问与候答、理答的技巧

（一）课堂提问的作用

1.增进师生交流，活跃课堂气氛

教学活动是教师和学生共同参与的双边活动，在这种活动进程中，师生不仅存在知识的传递，而且还存在着人的感情交流。实现师生互动、双向交流的方法很多，其中常用且有效的就是恰当地进行课堂提问。一个好的问题犹如一条纽带，会将师生间的认识和感情紧密联系起来，架起师生双向交流的桥梁，而且能活跃课堂气氛，促进课堂上教与学的和谐发展。

2.不断引起学生的注意，使学生积极参与教学活动

现代教学理论主张让学生参与到教学活动中，也就是教师、学生共同来表演，教师唱主角，学生唱配角，不能让学生简单地从属于教师。课堂提问正符合这一教学理论，它能给学生以外部刺激，防止了注意力的分散，使学生经常保持有意注意，对问题进行分析、反应，然后归纳整理并做出回答，促使学生积极参与教学活动，所学知识比由教师对学生单向传递信息所获得的知识印象深刻得多。

3.激发学生的学习积极性和兴趣，巩固课堂教学

课堂提问能激起学生的好奇心。好奇心是支配学习活动的一个重要动机，它对于接受外界刺激、同化外界刺激进行信息处理的学习过程来说是非常重要的。提问还能激发学生的学习动机。因为回答问题是面向全班同学的，对问题所作的回答体现了学生的知识水平以及能力大小，因此，学生在回答问题时总是希望得到称赞和自尊心的满足。这种竞争意识促使学生对问题积极思考，课前做充分的准备，平时多进行阅读以拓宽知识面，这样，提问就诱发了学生的学习欲望。教师通过对学生答案的肯定或否定，使学生知道问题是否得到了解决，自己在多大程度上取得了进步，在多大程度上达到了学习目标，这些又进一步激发了学生的学习积极性。

4.开阔学生思路，启迪学生思维

实践证明，提问是开启学生思维器官的钥匙，是思维启发剂。课堂

教学提问能打开学生的思路启迪学生的思维，发展学生的智力和能力。在课堂教学中，倘若没有提问，学生限于知识不足而不能提出问题，就会对自己所学知识的重点、难点、关键点视而不见、听而不闻，即使学习中遇见"疑难"也不认为是"问题"。

有利于开阔学生思路、发展学生创造性思维的问题有两种：一种是问题的正确答案不止一个，而是几个，它要求学生从不同角度、不同侧面，用不同方法去思考、解决问题，从而引起学生多角度的心理兴奋，有利于发展学生的创造性思维；另一种是解答问题时所用的理论是综合性的，它要求学生把学过的知识纵向、横向或纵横交错地联系起来，进行一番加工创造，灵活地运用，这也能促进学生创造性思维的发展。

5.帮助师生获得信息反馈，提高教学质量和学习效率

通过教学提问活动，教师和学生可分别从中获得对各自有益的反馈信息，以作为进一步调整教与学活动的重要参考。教师可以通过提问了解学生掌握知识的情况，探明学生知识链条上的漏洞和产生错误的原因，从而就自己教学中存在的问题对症下药，并针对不同的学生因材施教，切实地改进和提高教学质量。同时，学生也可以通过回答问题，从老师那里获取评价自己学习状况的反馈信息，在学习中不断改进自己的学习态度、学习方式等，使自己后续的学习活动更富有成效。

（二）课堂提问的类型

1.课堂程序性提问

课堂程序性提问与课堂进展程序和课堂管理的指令有关，目的在于落实教学计划，实施课堂活动，检查学生学习状况，保障教学步骤的衔接和实施。

2.课文理解性提问

分为展示型提问、参阅型提问和评估型提问。展示型提问是教师根据教学内容进行的提问，要求学生对课文进行事实性的表层理解，根据记忆和课文找到答案。参阅型提问是教师根据课文相关信息提问，学生要结合个人的知识和课文提供的信息进行综合分析回答。评估型提问要求学生在理解课文的基础上进行深层次的逻辑思维，运用所学的语言知

识就课文的某个事件或观点发表自己的看法。

3.现实情境性提问

教师根据学生的现实生活、现有知识或课堂上的情境状态等一些实际情况进行事实性提问，要求学生根据自己的实际情况回答。

4.开放式问题和封闭式问题

（1）开放式问题

问题的界定有时不明确，解决问题的条件并不完全是现成的，解决问题的方法是开放的，需要问题解决者自行探求，答案或结论不止一个，有些无法简单判定其正确与否，这类问题称为开放式问题。

①开放式问题的主要特点

首先，从问题答案的角度来看，此类问题的答案不是唯一的，而是多种多样的，甚至没有一个明确的答案。

其次，从锻炼学生能力的角度来看，此类问题能培养学生的发散思维，促进学生创新能力的发展。

最后，从课堂教学的角度来看，此类问题能创设一个宽松自由的问题情境，学生能够充分发挥自己的聪明才智，通过不同角度思考探索问题，使问题得到更高层次的升华，使学生通过自己获取新知识，巩固已有的知识。

②开放式问题设置对高中生的作用

第一，有利于德育教育。上课，不仅是知识的传授，更重要的是为人处世道理的教导。开放性问题多以大语言学的角度来提问，和社会息息相关，在德育教育中起到了不可忽视的作用。

第二，开放性问题的设置可以拓展学生的思维宽度调动其思考的积极性，对其知识的运用和能力的培养也极具作用。

第三，增加了课堂的活跃度，优化了课堂的氛围，更让所有同学对本学科的畏惧心理在无形的轻松气氛中消失。

在英语教学中设计开放式问题，进行开放式问题教学可以提高学生学习英语的兴趣，扩大学生的知识面，激发其创造性，使学生积极投身于创造性活动中，开发创造潜能，培养创新精神和创造能力。

（2）封闭式问题

封闭式问题只允许有一个正确答案。封闭式问题包括关于具体事实的问题，只需要作肯定或否定回答的问题以及只需要作真假判断的问题。封闭式问题可以促使学生通过综合和分析得出一个预想的正确答案。

封闭式问题的特点如下：

首先，从问题答案的角度来看，封闭式问题有固定答案，且答案唯一；此类问题容易回答，节省时间，问题的回答率较高。

其次，从锻炼学生能力的角度来看，此类问题能巩固学生课堂所学，促进学生记忆必须死记硬背的知识。

最后，封闭式问题是有指向性的问题，学生只能按照既定的方向思考，从课堂教学的角度来看，此类问题在提高课堂提问有效性方面发挥着重要作用。

（三）问题的设计

1.课堂提问应具有科学性

课堂提问科学性的前提是熟知课程内容和学生身心发展规律。"提问什么"是教师在提问前必须仔细思考和慎重考虑的，其实质是课堂教学应该提出哪些问题以及如何根据这些问题选择和组织教学内容、安排教学程序。因此科学性的前提是吃透教材，教师要熟练掌握课程结构和特点，理解其深刻内涵。同时，课堂提问科学性的另一个重要前提是了解学生，教师要充分了解学生的年龄特点与认知水平，真正做到从学生出发。

2.课堂提问应具有启发性

好的提问应该富有启发性，应该是把注意力放在激发学生的思维过程上，而不应该急于走向结果。教师的问题能引发学生提出新的问题，因而教师要鼓励学生自己去发现问题、探知问题，让学生获得自主探索的成就感。

3.课堂提问应具有适度性，包括适度、适时、适量

提问要准确，富有启发性，要有广度、深度、坡度，要面向全体学

生。问题过易或过难，都会使学生产生厌烦或抑制心理。教师要在"最近发展区"上下功夫，注重发挥学生的主动性，培养学生独立学习的能力和学习责任感，加强教学的针对性，不断提升教学的层次和水平，使教学走在学生发展的前面。

教师的及时提问和适时点拨，能促使学生积极热情地投入到学习活动中去。教师要恰当地从不同角度提出一些新颖的问题，激发学生的求知欲，调动学生积极思维的主观能动性。

教师要恰到好处地掌握提问的频率。问题的设置应疏密相间，要留给学生充分思考的时间和空间。一节课不能提问不断，否则学生无法冷静有效地思考。

每一个提问后，要有一定的停顿时间，以符合学生的思维规律和心理特点，促进学生有效思维。

4.课堂提问应具有互动性，包括师生互动、生生互动。

高质量的教师提问能激发学生的疑问、追问、深问。巧妙地提问一定能启迪学生的思维，促进学生想问题、发现问题。老师的问是为了让学生问，几个学生问是为了让全体学生都能问。互动性提问可以调动学生主动思考、探究学习，从而促进全体学生的发展。

5.课堂提问应具有探究性和开放性

为培养学生的创造性思维，所提问题应有一定的探究性和开放性。通过问题的设置，引导学生多角度、多途径寻求解决问题的方法，培养学生思维的发散性和灵活性。在学生解答完提出的问题后，教师还应留下具有生活化的探究性空间，让学生利用课余时间进一步去探究。

（四）教师候答、理答策略

1.教师的候答策略

候答是指从教师发问、指名回答，直到开口说话这段时间。

（1）候答时间不宜过短

学生回答问题需要时间酝酿，过于急促，思维草率，会降低提问效果。

（2）不重述问题

教师重述问题容易养成学生听讲不认真、期待再说一次的不良习惯。

（3）指名普遍

不宜偏重"好学生"而忽视其余的学生。这样能使全体学生都注意反应。

2.教师的理答策略

理答策略是指在课堂教学中教师正确对待学生答问和及时调整提问方式的方法技巧。教师理答应注意以下几点：

（1）注意倾听，适当点拨

学生在回答问题时会出现语言或逻辑错误或失误，教师除了在提出问题后给学生充分时间进行独立地思考、组织语言外，还要有足够的耐心允许学生讲完。听答时，教师最好不要打断学生的连贯表达，除非回答离题太远。

教师对学生表达观点遇到困难时适当点拨很有必要。学生回答有困难时，教师要稍作等待，给学生思考的时间；学生思路中断时，教师可以"旁敲侧击"地提醒，保证学生思路畅通。

（2）恰当评价，鼓励为主

学生回答完毕后，教师要及时、恰当地进行反馈，切忌不置可否。教师要根据学生的回答，把对学生活动的真实感受传达给学生；评语不能一般化、公式化；要选用不同等级的评价用语，使教师的评价成为课堂教学真实交际的一部分。

教师要关注学生回答问题的成就感，即使是很小的进步也要给予肯定和鼓励。要多表扬、鼓励，少指责、批评，让学生获得成就感，获得英语学习的成功体验。教师的评价要随着学生英语水平的提高而改变。

（3）匡补探究

教师引导学生再思考，必要时由教师补充说明，使问题答案得以深化和升华。学生回答问题出错是在所难免，教师不宜简单地中止学生回答，而应循循善诱，反复校正，引导学生正确地思考和回答问题。

（4）归纳答案

学生所提意见或作答内容有对有错，良莠不齐，总结时不妨只归纳出正确的、可接受的部分，其余部分可忽略。

三、英语课堂纠错

（一）错误产生的原因

1.语际错误（Interlingual errors）

英语课堂上学生所犯的许多错误是由母语的负迁移导致的，这种错误即是语际错误。在交际中，当学生难以在目的语中找到与母语中某种表达相对应的表达方式时，他们往往借助母语的表达形式或习惯来维持交际。例如，汉语中常用主动句型表示被动含义，因而听到学生说出"The problem will discuss tomorrow"也就不奇怪了。

2.语内错误（Intralingual errors）

在第二语言学习过程中，因一个目的语项目对另一个项目产生影响而发生的错误叫语内错误。它是学生对目的语使用错误或不完整学习的结果。学生会根据以往所学到的知识创造出该语言中不正确或不存在的结构。例如，学生会根据英语结构"He is coming."和"He comes."的混合，产生"He is comes."的错误表达。

3.诱导错误（Induced errors）

学生的语言错误也可能是教师讲授或学生练习不当造成的，主要表现为教学诱导错误。如果教师没有解释清楚某一语言现象，学生会因为不知所以然而不能掌握该语言现象；相反，如果教师过分强调或训练某一语言现象，也会误导学生将该语言现象滥用于不恰当的场合。例如，教单词 am 时教师反复说："I am a teacher."和"I am having an English class."学生可能会得出"I"后一定要有一个"am"的结论，从而出现类似"I am get up at six in the morning."的句子，这就是诱导错误。

4.交际错误（Communication strategy-based errors）

学生经常会说出一些语法结构和用词上都没有问题，但在语境中显得很不恰当、在交际场合让人难以接受的话语。例如，在交谈时问英美

朋友 "Are you married?" 或 "How much do you earn every year?" 等问题，我们会发现对方十分反感或者不愿意回答，因为它涉及个人隐私。这种错误是因为学生不了解目的语所在国的文化、习俗和惯例，将汉语文化照搬到英语中，从而导致的交际错误。

（二）纠错的原则

1.区别对待全局性差错（global errors）与局部性差错（local errors）

全局性差错是指句子主要成分中出现的错误，导致句子或话语难以理解或无法理解。比如，语序颠倒、错用或漏用连接词、句法过度概括等。例如：

I like take taxi but my friend said so not that we should be late for school.

这类差错应当适时予以纠正，因为例句中提供的信息含糊不清，使得交流无法顺利进行。

局部性差错是指句子成分运用中出现的错误，但没有造成理解问题。比如，错用或漏用某一动词或名词的词尾形式、冠词或助动词等。例如：

There are long trees on each side of the street.

本句虽错用了形容词 "long"，但意思十分明确。局部性差错通常不需要纠正，因为例句中提供的信息已经很清楚，而纠错还可能会打断学生交际输出的语流。

2.区别对待系统性差错（systematic errors）与语误（mistakes）

系统性差错是指学生尚未掌握或尚未完全掌握目的语的体系而出现的错误，也被称作语言能力错误。这类差错会在学习、运用语言时反复出现，学生本人一般很难发现和改正这类错误。例如：

The girl dreamed to become a famous singer.

学生在交际中很容易说出这样的话，是因为他们没能掌握 "dream of doing sth." 这种结构。

语误是指学生由于某些情感因素（如疲劳、粗心或注意力分散和环境因素等）而导致的语言输出错误。语误也被称作语言行为错误。例如：

She is my uncle.

例句中因口误将 He 说成了 She。这种错误是偶然的，是由于没有正确使用已知的语言系统而造成的，学生一般能很快意识到并自行纠正。

3.合理把握纠错时机

教师在英语课上纠正差错是常见的教学活动，但教师要把握好纠错的时机，即什么时候及时纠错，什么时候延缓纠错。

首先，教师要弄清差错的严重程度。如果学生所犯的语言错误与正确形式偏离太远，严重地影响了理解、表达和交际，教师就要予以指出，并加以纠正；如果不属于这种情况，则可延缓纠正。

其次，要依据教学活动的目的。如果教学活动旨在培养学生的口头表达能力，则在学生讲话时不要纠错，以免造成学生紧张的心理，影响其表达的流利性。教师应在学生讲话结束后，指出其错误，并给出正确的表达形式。如果教学活动的侧重点是语言的准确性，教师则应指出学生的差错并及时予以纠正。

4.合理变换纠错方式

根据纠错主体的不同，教师在英语课堂上可以单独或交替使用自我纠正（self-correction）、同学纠正（peer-correction）和教师纠正（teacher-correction）等纠错方式。教师首先要鼓励学生自我发现、纠正错误。当学生不能自我纠错时，教师可以引导学生相互纠错。同学纠错的形式有小组纠错、全班纠错和纠错比赛等。同学相互纠错可以让学生获得思考、聆听的时间以及与同学交流的机会，而尽量不依赖教师。当学生进行相互纠错时，教师可以要求学生把同学所犯的错误记录下来，鼓励学生在该同学发言结束后将正确的形式传达给犯错的同学。例如：

A：What time do she usually do his homework? You confused his and her.

B：And you confused do and does here，too.

很明显，用这种方法纠错能达到两全其美的效果，因为交流一直在进行而没有因为学生犯错被打断，学生心里没有了紧张感，同时又达到了纠错的目的，而且还让做记录的学生在帮助同学的过程中得到了提高。

如果学生所犯错误确有必要立即纠正，而自我纠错和同伴纠错又无法奏效，此时教师就应该直接指出学生的错误，特别是语法上属于全局性和系统性的差错。教师要给学生讲清差错的严重程度，并说明差错产生的原因，然后给出正确的形式，同时尽可能额外提供一些相应的语言材料供学生练习巩固。

（三）纠正错误的方法

1.直接纠错法（Explicit correction）

直接纠错是指学生出现错误时，教师打断其语言训练或实践活动，对其错误予以正面纠正，即说出正确的语言形式，并让学生改正。这种纠错方式常用于旨在让学生掌握正确的语言形式而进行的机械操练或侧重语言精确输出的各种练习中。教师直接纠错时使用的课堂用语通常有：You should say... /No, you shouldn't say that. /Read after me. /Pay attention to.../Oh, you mean.../We don't say...in English.We say... 等。例如：

T：What did you have for breakfast this morning?

S：I have a bottle of milk, an egg and two cakes.

T：Oh, you should say "I had a bottle of milk ... "

S：Oh, sorry.I had a bottle of milk, an egg and two cakes.

2.重述法（Recasts）

重述是指教师对学生语言表达中的错误进行含蓄纠正。这是一种温和的错误纠正方式，是对学生的表达进行部分肯定之后的纠正。该方法以学生的语言表达为基础，对部分成分或词语进行修正，并保持原表达的意思不变，对于纠正学生口语中的语法错误比较有效。例如：

S：He is watch TV. （第一次表达）

T：He is watch TV? Patrick is watching a football game on TV. （重述）

S：He is watching TV. （第二次表达）

T：Right. Go on, please.

S：She's do her homework. （第一次表达）

T：She's doing her homework. （重述） Oh, she has a lot of homework to do.

S：She's doing her homework.（第二次表达）

3.强调法（Pinpointing）

教师重复学生的话，有意重读和拖长出错部分的发音或用升调以表示特别强调。这种方法既能纠正学生的错误，保证学生顺利进行口头叙述，又能顾及学生的面子和自尊心，呵护他们参与口语活动的积极性。例如：

S：I am going in Beijing.

T：I am going IN Beijing?

S：I am going to Beijing.

4.启发法（Elicitation）

教师通过以下方式启发学生纠正错误：①就学生的错误部分提问，如"How do we say ... in English?"同时放慢语速或稍作停顿；②以目光或手势示意该学生继续回答问题；③提供几个相关选项供学生选择；④如果该学生依然不能说出正确的形式，则请另一位学生提示或回答。

例如：

T：Excuse me, what is she doing?

S1：She is cleaning a class.

T：She is cleaning a class?（停顿一会儿）OK.But how do you clean classes?（学生笑）Oh, no.（以目光或手势示意该学生继续回答）

S1：...（没有回答）

T：Now another student. Lily, please. Excuse me, what is she doing?

S2：She is cleaning the classroom.

T：Ah, yes.She is cleaning the classroom.

5.重复法（Repetition）

教师发现学生的语言错误后，可以要求学生重新回答，并使用"Once more. /Pardon? /Repeat please."等对学生加以引导。例如：

S：I made my birthday cake last night when I was in bed.

T：Err? Who made your birthday cake? Once more.

S：My mother.

T：Oh, your mother. And then repeat it, please.

S：My mother made my birthday cake last night when I was in bed.

6.澄清法（Clarification requests）

教师因不明白学生说的话或发现学生的言语出现形式错误而发出明确的信息要求学生纠正，通常使用"What? /I m sorry? /Pardon me? /What do you mean by...?"之类的话。例如：

S：I want be a scientist when I grow up.

T：Err? I m sorry? I want ...

S：I want to be a scientist when I grow up.

四、英语课堂小结的方法

（一）归纳总结

一节课结束前及时对讲授的知识结构、主线进行归纳总结。要尽力突出主题，纲目分明，同时指出容易模糊和误解之处，使学生理解难点，掌握重点，记忆深刻。

（二）拓展延伸

在学生理解新课内容的基础上，借助于联想，适当拓展知识面，使学生在巩固新知识的同时，能举一反三，引起更浓厚的学习兴趣，开拓创造性思维。

（三）悬念法

在导入新课时，曾设置悬念；在课程结束时，围绕新课主题解答课初提出的疑问，与导言相呼应。必要时可再提出带有启发性的问题，设置悬念，引起学生对下一节课的好奇，为下一节课的学习做好心理准备。

（四）画龙点睛法

有的课程或章节内容讲课时需要详细推导、尽情铺陈。在课堂结尾时用几句话点明重点、要旨，学生会有所顿悟，从而抓住问题的关键。

（五）理序法

这种方法适用于叙述事件或介绍人物生平等故事性较强的课文教学，

将教学内容中众多事例的逻辑关系以表格或流程图的形式展示出来，帮助学生理解、记忆。

五、英语作业布置与批改

（一）作业类型

①按照完成形式分为笔头作业和口头作业。

②按照完成时间的长短分为短时作业和长时作业。

③按照学生选择作业任务的自主程度分为必做作业和选做作业。

④按照完成的独立程度分为个体作业和小组作业。

（二）布置作业的策略

1.分层渐进式

（1）作业量分层

适当减少学习有困难的学生的作业量，他们可以选做或者不做拓展性练习。在写作练习中，一般学生只要求按照题目要求把信息点完整、规范地表达出来，但对于部分学有余力的学生，可以要求其运用高级的词汇、复杂的句型。

（2）作业难度分层

针对学生英语能力有差异的情况，为他们确定相应的目标，设计难易有别的作业。一般来说，确定为基础、发展、创新三级目标，要求一般学生能实现基础目标，努力完成发展目标，基础较好的学生努力完成创新目标。

（3）完成作业时间分层

能有效保障学习困难的学生"吃得了"的问题，保证他们的作业质量，使之扎实巩固所学知识，形成良性循环，使学生在完成作业的同时既感到轻松愉快，又扎实掌握了知识与技能。分层渐进式作业注重因人而定，并兼顾全体，让学生结合自己的实际情况消化和处理知识。

2.积累拓宽式

语言的积累可以从课堂、课外两个大环境入手，从语言的特点上也可以从口语、书面语入手。教师可根据学生的实际情况来设计作业。

（1）口语积累式作业形式多样

比如，每节课抽出5分钟，让学生轮流登台锻炼口才，讲笑话、模拟各种身份的人士讲话、新闻联播、谜语竞猜、故事复述等，增强学生的表现参与意识，给他们一个展示自我的舞台，为正式授课做热身准备。

（2）书面语积累式作业范围更广

比如，组织学生收集名人名言、谚语，摘抄名著精彩片段等，并以此进行作文训练。教师也可以结合学生的学习状况、兴趣爱好进行新的探索和开发，从而设置有弹性、外延性的作业，拓宽学生的词汇、语言范围，丰富他们的心灵。积累拓宽式作业旨在培养学生积累、运用语言的能力，并锻炼其语言组织能力，使学生学会归纳总结、迁移扩散，形成开阔的思维方式。

3.实践开放式

实践开放式作业是连接课堂与社会生活的桥梁。教师要充分利用现实生活中的英语教育资源，优化学习环境，努力构建开放性、动态性的教育体系，开展丰富多彩的实践活动，拓宽学习内容、形式与渠道，使学生在广阔的空间里学英语、用英语，丰富知识，提高能力。教师还可积极引导学生充分利用区域资源，加强生活体验、感悟和表达，浅化难点，学用结合。比如，让学生体验教师、记者、播音员等角色，参加学校"英语角"等活动。同时，教师要积极搭建平台，开展诸如春游、参观、演讲、辩论、手抄报等活动，使学生在实践中活用知识，增长见识，提高语言素养。学生在完成实践作业的过程中，能运用新知识、新理念去理解、解决各种实际问题，从而增加语言知识，增强语言的运用能力。实践性的作业也增加了学习的趣味性，从而激活学生思维，激发创造力，发展个性。

4.综合创新式

（1）专题收集性作业

专题收集就是围绕某一专题，利用图书馆、阅览室、网络等渠道，广泛涉猎，收集整理信息，在去粗取精、去伪存真、认真筛选的基础上，精心设计形式，表达、传递信息。它是学生相互启发、相互学习、合作交流、共同提高的学习过程。

（2）学科融合性作业

把英语学科与其他学科的知识相结合，淡化学科之间的界限和知识分割，尽可能拓宽学生的知识视野，促进其全面发展，培养学生的综合素质。

（三）作业的批改

1.全批全改

教师对学生的作业逐一进行批改，主要用于批改主观题类型的作业，比如翻译、造句、作文等。全批全改有利于教师了解学生对语言知识的掌握情况，及时发现普遍存在的问题并采取措施予以纠正。

2.生生互批

授完一节课的内容后，教师可以及时检测一下教学效果，选择该课生字词、重要句型、习惯用法、语法及其相关的知识点，编出几道触类旁通的练习题，让学生当堂完成，然后提供参考答案，让学生交换批改。这种方法既能调动学生积极参与的兴趣，又能促进学生对所学内容的巩固。这样一来学生在交换批改作业中，既能及时发现和改正作业中出现的错误，又能从别人的作业中吸取教训，避免再次出现类似错误。

3.师生面批

教师当面批改某些学生的作业。这种批改方式多用于批改字迹潦草、错误较多的作业。由于一对一批改，效果较好。师生面批有利于个别辅导、因材施教。

4.轮流批改

把全班学生分成若干个小组，基础好的与基础差的搭配平衡，指定基础好的学生担任组长。教师先面批示范，然后学生再分组批改。每组批改完后，由组长向教师汇报作业批改的情况。学生通过作业轮改，加深了对所学内容的理解与巩固，也增强了自我责任意识。同时，教师从学生面批和学生汇报的作业批改情况中得到了信息的反馈，有利于调整教学内容和进度，灵活变化教学方法，提高教学质量。

5. 抽批讲评

作业批改讲究时效性。教师批改一部分作业，其他学生的作业在教师讲评后由学生自己批改。这种方法主要用于批改以巩固语法知识为目的的半主观型作业，如词形变化、句型转换、填空、改错等。抽批讲评有利于缩短批改时间，培养学生自主学习的习惯和能力。

第八章 高中英语教学评价与反思

第一节 高中英语教学评价

一、评价原则

①体现学生在评价中的主体地位；

②建立多元化和多样性的评价体系；

③注重形成性评价对学生发展的作用；

④终结性评价要注重考查学生的综合语言运用能力；

⑤注重评价结果对教学效果的反馈作用；

⑥评价应体现必修课和选修课的不同特点；

⑦注重实效，合理恰当地使用评价手段；

⑧各级别的评价要以课程目标为依据。

二、评价方法

对学生学习的评价，既要关注学生对语言知识和语言技能的掌握，又要重视学生综合语言运用能力的发展，同时还要重视其在学习过程中的情感态度和参与表现，这里的参与不仅仅指行为参与，还包括情感参与和思维参与，要重视学生在学习过程中态度和价值观的形成。因此，评价不仅仅是纸笔考试，还要采用对学生综合语言运用能力、学习态度、行为表现、思维能力和自主学习能力等有促进作用的评价方式和评价标准，以发挥评价对于激励和促进学生学习、指导教师改进教学的功能和作用。①在评价的主体上，既要有教师对学生的评价，又要有学生的自评和互评。积极有效的评价应贯穿英语教学的全过程，应是形成性评价与终结性评价的有机结合。教师在教学过程中，应特别重视根据教学的需要创造性地发展和使用不同的评价工具，调整形成性评价和终结性评价在学生学业成绩中的比例，并将两者有机地结合起来，有效发挥评价在全面提高教学质量方面的作用。

（一）形成性评价（Formative assessment）

Formative assessment is based on information collected in the classroom during the teaching process for the purposes of improving teaching and learning. It is sometimes termed as classroom assessment。形成性评价是教学过程的重要组成部分，形成性评价活动和方式应尽量与学生的学习经历和教师的教学方式以及真实的生活相接近，应创设有意义的评价活动，使学生能够把所学的知识运用到实际生活中去。为此，我们提供一些形成性评价活动案例，其中，包括对听、说能力的评价，对读、写能力的评价，对项目活动的评价，对学习档案夹活动的评价，以及对合作学习和思维能力发展的评价等。在进行教学评价时，教师要结合自己的教学目标、教学内容和学生的学习环境以及学生的个体差异等设计适合自己教学和学生学习的评价工具，制定切实可行的评价标准。

1.对听、说能力的评价

对学生听、说能力的评价应尽量采用与平时教学活动相近的方式，教师可以在教学中通过创设多种听、说活动，在活动中观察和记录学生的表现和参与情况，对学生进行评价，也可以鼓励学生参与对自己和对其他同学或小组的评价。

①李文蔚. 高中英语教师课堂评价语言的行动研究[D]. 汉中：陕西理工大学，2022.

（1）听、说能力评价活动举例

讲述事情、报告过程与结果、演讲、角色表演、采访活动、转述故事或意见、猜谜活动、短剧表演、小型辩论会等。

（2）听、说能力参考性评价标准

对学生听、说能力的评价主要可以从语音、语调、听力理解、表达的流利程度及表达的可理解度、用词恰当、交际策略、文化理解和学生在表达过程中的行为表现等诸方面来进行。一般可采用等级方式记录成绩。程度4为最好，程度1则说明学生还需要在教师的帮助下进一步努力。教师对学生的反馈应该尽量采用描述性语言。以下标准仅供参考（表8-1）。

表8-1 听、说能力参考评价表

评价内容等级	4	3	2	1
听力理解	能听懂对方或他人的英语,并可持续进行交流	能基本听懂对方的英语,并能保持比较顺畅的交流	能听懂一些对方的英语,基本能够保持交流	基本听不懂对方的英语,无法进行持续的交流
流利程度	流利	比较流利	有不自然停顿	经常停顿,犹豫,表达不连贯
语音、语调	语音准确、清楚,语调自然	个别发音不准,但比较自然,不影响理解	有一些发音不准,语调比较生硬,但基本可以听懂	语音、语调较生硬,几乎听不懂,影响理解
可理解度	很容易理解	基本能理解	理解有困难	很难理解
用词恰当	用词丰富、恰当	用词较丰富,个别不够恰当	用词不够丰富,有些词用得不够恰当	用词很不恰当
交际策略	能通过表情或手势及其他语言手段积极灵活地解决交流中的困难	能采用表情或手势等方式设法解决交流中的困难	能采用至少一种方式解决交流中的困难	不能有效地解决交流中的困难
文化理解	反映文化知识的恰当运用	反映一定文化知识的运用,且较恰当	不能充分反映文化知识的运用	未反映文化知识的运用
行为表现	生动活泼,热情主动,与对方/观众保持交流	比较热情,与对方/观众保持一定的交流	缺乏一定的热情,缺乏与对方/观众的有效交流	以读稿子/笔记为主,与对方/观众没有交流

2.对阅读能力的评价

（1）阅读技能评价内容举例

①找出作者要传达的主要信息；

②按要求辨认语言结构、内容、事物发展顺序和程序；

③辨识内涵的主旨或观念；

④辨识语篇中的思路发展和逻辑关系；

⑤辨认、辨识、比较事实、证据和观点，以及定义和假设等信息；

⑥对事实和证据进行评价和判断；

⑦根据文中提供的事实和证据得出结论；

⑧进行逻辑推断等。

（2）阅读能力评价参考表

阅读能力评价参考表见表8-2。

表8-2 阅读能力评价参考表

评价内容等级	较高要求	基本要求
对阅读策略的评价	能基本进行独立阅读,有选择、有效地使用参考资源	能根据阅读目的和文段的不同,调整阅读速度和阅读方法
对语言知识掌握的评价	所掌握的词汇量较为丰富,但对不常用的词组和短语可能有理解困难;能理解在一般文体和题材的文段中常见的语言结构和现象	能理解语言结构有一定难度或有一定新语言现象的文段
对语篇能力的评价	能区分主要观点、事实与一般支撑性事实,能辨识文段主旨的发展脉络	能分辨和理解文段、语篇中主要信息及观点的逻辑组织结构,了解各部分的相互关系
对语言能力的评价	能理解并欣赏文段中的一般文化信息	能基本理解文段中的一般文化信息

3.对写作能力的评价

书面表达能力除了在终结性考试中可以用来对学生进行考查和评价外，在平时的教学中，教师也可以采用多种形式考查学生的写作能力。

（1）写作能力评价活动举例

写日记或信件、写说明文、写报告、写贺卡、写电子邮件、写叙事文、写小故事、写提纲、写配图说明、写小论文、写小诗、写配图故事等。

（2）写作能力评价参考表

为使学生养成良好的写作习惯，学生应了解写作能力的评价标准。对写作能力的评价可以从单词拼写与标点符号的使用、语法运用的恰当程度、写作的内容、写作态度、表达的逻辑性和创造性等方面进行评价。以下标准可以作为学生自评、同伴互评和教师评价的参考依据。评价应尽量采用描述性语言，以鼓励为主并指出问题。写作能力参考评价表见表8-3。

表8-3 写作能力参考评价表

评价内容等级	优秀	满意/合格	需再努力
内容	有思想/观点、有情感、有意义/有趣	有一定意义/趣味性,观点不够明确,内容比较平淡	内容平淡,无趣味性
逻辑性	表达清楚,逻辑性强	表达比较清楚,有一定的逻辑性	表达不清楚,缺乏逻辑性
拼写与标点符号	完全正确	有一些错误	很多错误
语法运用	反映当前学习水平,有个别错误	有一些错误,如主谓搭配问题、时态运用问题等,没有完全反映当前的学习水平	有很多语法错误,如主谓搭配错误率高,时态仅限于现在时
努力程度	超出要求	符合要求	努力不够,有拼凑迹象
创造性*	有创造性,表现力强,真实、整洁	有一定的创造性思维,简要、完整、比较整洁	缺乏创造力或计划性,内容不完整,事例不真实

*创造性一栏的内容，在需要对学生创造性写作进行评价时参考。。

4.对作品展示、表演等活动表现的评价

在平时的教学中，教师可以设计多种具有表现性和合作性的学习活动，让学生通过策划、设计和表演等方式展示各自的才能，给学生提供充分的表现空间和合作机会，在活动中对学生进行评价。

以下是对这类活动的评价方式和评价标准的建议：

（1）作品展示及表演等评价活动举例

编写图画故事，组织图片说明，收集物品的展示与说明，广告设计与说明展示，艺术作品展示与说明，墙报/小报设计，服装设计与说明展示，歌曲、舞蹈表演，手工作品展示与说明。

（2）活动表现与合作学习评价参考表

活动表现与合作学习评价参考表见表8-4。

表8-4 活动表现与合作学习评价表

评价内容等级	4	3	2	1
分工合理性	工作量平均分担	工作量分担不够平均	工作量主要由少数人承担	工作量主要由一人承担
任务完成过程	自始至终全力投入	大部分时间均投入工作	仅部分时间投入工作	基本没有参与工作

续表

评价内容等级	4	3	2	1
互动表现	讨论热烈,组员之间互相尊重	有一定讨论,组员之间能够互相尊重	很少讨论,讨论中经常转题,不够尊重他人	无兴趣讨论,不尊重他人
作品/表演质量	内容完整,充满热情和创造性;设计新颖,艺术品位高	内容完整,表现出一定的热情和创造性;设计比较新颖,有一定的艺术品位	内容比较完整,创造性不足;设计一般,但比较认真,艺术品位不高	内容不完整,缺乏创造性;态度不够认真

5.其他评价活动

除了对学生的听、说和写作能力进行评价外,还应尽量采用与学生生活相近的方式进行活动的设计和评价。评价的标准可参照以上评价表,教师也可根据需要,与学生共同讨论制定新的评价标准。

（1）日常生活活动举例

填写各种表格、写书信、写问卷、填写支票、查阅地图、简述方位、写简介、看菜单、写电子邮件、写日记、留言（口、笔头）、介绍家庭成员等。

（2）媒体技术类活动举例

广告制作、多媒体演示、网页制作、旅游指南、新闻报告、简报制作、电脑图形制作、室内设计、幻灯展示、报纸制作、调查结果展示、专题报告等。

（3）思维评价活动

高中英语课程应注意在教学和评价中促进学生思维能力的发展,将学生思维能力的培养有机地融入教学和评价活动中。教师可以在听、说、读、写的教学中设计一些评价活动,激发学生积极思维。通过思维评价活动,不但能充分展示学生的思维能力,还能有效地促进他们思维能力的发展,提高他们组织信息和使用信息的能力。

6.学习档案夹

（1）学习档案夹的构成

学习档案夹是展示每一个学生在学习过程中所做的努力、所取得的进步和反映其学习成果的一个集合体。它通常以一个文件夹的形式收藏学生具有代表性的学习成果（作业、作品）和反思报告。通过建立学习档案夹，可以督促学生经常检查自己的作业完成情况，并在自主选出比较满意的作品的过程中，反思自己的学习方法和学习成果，培养学习的自主性和自信心。学习档案夹也为教师、家长和其他人提供了学生进步的记录。虽然学习档案只收集所选择的部分作业，但它却体现了学生参与评价的主体过程，即学生自主参与对学习档案内容的选择并确定选择的标准。

通过建立学习档案，学生从依赖教师的指导和讲解逐渐转变为独立自主的学生。学生通过教师对选择标准的示范和讲解逐渐学会选择。随着对这一过程理解的深入，学生能够独自对作业进行反思，选出最好的作业，充满信心地将其展示给其他同学，并在小组中讨论选择的原因。

学习档案可以包括以下内容：

①新课程开始时反映学生学业基础的档案材料。

②学生学习行为记录，如课上参与朗读、朗诵和角色扮演等情况。

③书面作业的样本：通常由学生自己决定收入自认为最满意的作品。

④教师和家长对学生学习情况的观察评语。

⑤平时测验记录：由教师评分/评语或在教师指导下同学评分/评语或自己评分/评语。

⑥视图作品集锦，如绘画、配图故事、宣传画、图表说明或连环漫画等。

⑦写作作品集锦，如日记、随笔、信件、报告、调查、小论文、诗文或故事等。

⑧多媒体制作与展示，如图片文字展示、软件设计或网页设计等。

⑨学生对自己的学习态度、学习方法与学习效果的反思与评价。

使用学习档案信息进行形成性评价时，要注意各种样本应达到一定数量，以便能够使结论有说服力。通常在学期开始时就应确定好所要收集的各种样本和样本的数量，使样本能够客观和充分地反映学生的学习进步过程。学习档案应存放在学生可以拿到的地方，使学生可以随时查阅。

（2）学习档案夹评价参考表

学习档案夹的评价是对学生整体学习水平和学习能力的综合性评价，既要关注档案夹的外观设计、组织结构和内容的完整性，又要注重学生自主学习意识的形成和创造性思维能力的发展，如档案夹内容的选择标准以及学生自我认识和反思的程度。下面所提供的评价表可作为学生自评、同伴互评和教师评价的参考依据。学习档案夹评价参考表见表8-5。

表8-5 学习档案夹评价参考表

评价内容等级	优秀	很好	好	进步中
内容	所选作品质量很高，表现出很强的逻辑性和分析能力	所选作品质量较高，反映出较强的逻辑性和分析能力	部分作品的选择能反映出一定的逻辑性和分析能力	所选作品没有反映出成果和逻辑性
组织结构	组织结构清晰，过渡有逻辑性，易于阅读和理解	有较好的组织结构，作品与内容有相关的联系，过渡自然	有一定的组织结构，主题之间有过渡	组织无序，主题之间没有联系与过渡
完整性	内容完整，所增加的内容丰富	内容完整，有部分增加的内容	按要求做到内容完整	没有按要求做到内容完整
外观	很引人注目，表现出专业水平	吸引人，整洁大方	比较整洁、清楚	不够整洁，花时间不够
创造性	富有创造性，个人思考和理解有深度	有一定的创造性和个人的思考与见解	有些创造性和个人的思考与见解	缺乏创造性和个人的思考与见解
反思程度	反映出高度的分析与思考能力，有理有据	投入一定的时间进行反思，实事求是，有很好的细节内容	对学习过程有一定的反思，比较实事求是	非常简短的反思，显得仓促，不够实事求是
突出优点				
需改进之处				

（二）终结性评价（Summative assessment）

Summative assessment is mainly based on testing. It is done mostly at the end of a learning period or the end of a school year。终结性评价包括学期考核、学段考核和毕业考核，一般采用考试的形式。终结性评价应以考查学生综合语言运用能力为目标。考试的目的和试题设计应与课程标准所规定的相应级别目标相符，与学生的年龄特点和认知能力相适应。在终结性评价中，通过理解与表达的任务来检测学生运用语言知识的能力。在大规模终结性评价中，从操作的可行性出发，对语言技能的评价，一般以听、说、读、写各项技能单独分别设计试题，但在项目设计和评价标准的设定上，应从语言应用的实际需要出发，体现技能的综合性。试卷中主观性试题应占一定比例，要根据特定级别的目标要求与具体试卷要求而定。考试形式应为学生所熟悉。同时，要严格控制考试的频度和试题题量。

（三）常模参照评价与标准参照评价（Norm-referenced assessment and criterion-referenced assessment）

常模参照评价是以个体的成绩与同一团体的平均成绩或常模相互比较，从而确定其成绩的适当等级的评价方法。这种评价方法重视个体在团体内的相对位置和名次，它所衡量的是个体的相对水平，因而又将这类评价称为"相对评价"或"相对评分"。常模参照评价以常模为参照点，常模实际上就是团体测验的平均成绩，以学生个体的成绩与常模比较，就可以确定学生在团体中的位置，知道他的成绩在团体中的位置。常模参照评价具有甄选性强的优点，因而可作为分类排队、编班和选材的依据。它的缺点是在排队选优时，对于个人的努力状况及进步的程度不加重视，尤其对于后进者的努力缺少适当评价。比如，在几次考试中，某学生学习的实际成绩在提高，但他在班级里的相对位置（名次）也许仍没变化，因而缺乏激励作用。

标准参照评价是以具体体现教学目标的标准作业为准，确定学生是否达到标准以及达标的程度如何的一种评价方法。标准参照评价是用来衡量学生的实际水平的，它关心的是学生掌握了什么或没掌握什么，以及能做什么或不能做什么，而不是比较学生之间的相对位置。用来评定的所谓标准就是具体的教学目标，教师编制测试题的关键之处是必须正确反映教学目标的要求，而不是这些题目的难易和鉴别力。为准确体现教学目标的要求，客观测得学生的实际水平，必要时过难或过易的试题也应保留，不要轻易删除。评分时学生该得满分就给满分，该得零分就给零分，一切按既定的标准评分。因此，标准参照评价的评分方式又称为"绝对评分"，这种评价也被称为"绝对评价"。通过标准参照评价可以具体了解学生对某单元知识、技能的掌握情况，哪些学得较好，哪些没学好需要补救。因此，标准参照测验主要用于基础知识、基本技能的测量，适用于形成性测验和诊断性测验，利用测验提供的反馈信息，可及时调整、改进教学。但是，由于测题的编制很难充分、正确地体现教学目标，因此，教师还不能充分利用严格意义上的标准参照评价或绝对评价。

第二节　英语课堂教学的反思

一、教学反思的定义及方法

（一）教学反思的定义

教学反思是指教师对教育教学实践的再认识、再思考，并以此来总结经验教训，进一步提高教育教学水平。教师从自己的教育实践中来反观自己的得失，通过教育案例、教育故事或教育心得等来提高教学反思的质量。[①]

（二）反思方法

反思类型有纵向反思、横向反思、个体反思和集体反思等，反思方法有行动研究法、比较法、总结法、对话法、录像法、档案袋法，等等。

二、教学反思的示例

（一）写总体评价

对一节课成功与否作主观价值判断，说明本节课是否完成教学任务，教学过程安排是否合理，师生双边活动的教学效果怎么样，是满意、基本满意还是不令人满意。

（二）写成功之处

教学成功之处是指在课堂教学中，教学效果好、自我感觉比较满意

[①]周立会. 对英语课堂教学的反思[J]. 学周刊，2018（8）：82-83.

的环节和片段。好的教学设计、教学过程中的灵感、引起教学共振效应的做法、自然有趣的导言、直观形象的演示、生动形象的比喻、适时巧妙的设问、机制灵活的应变、教学法上的改革与创新都属于教学成功之处。因此，教师在课后反思时应细细体会、思考，并详细地记录下来，供以后教学时参考使用，并在此基础上不断改进完善、推陈出新。

（三）写不足之处

教学中的不足之处指授课不得法、语言点拨欠妥、课题引入不自然、内容衔接不流畅、重点难点处理不当、知识准备不充分、师生配合不默契、学生精力不集中、教学媒体使用不合理、教学思路不清，等等。教师应对这些问题进行回顾、梳理、探究、剖析，以免以后再犯同样的错误。

（四）写教学灵感

课堂教学中，随着教学内容的展开，师生的思维发展及情感交流往往会因为一些偶发事件而产生瞬间灵感，这些"智慧的火花"常常是不由自主、突然而至，若不及时利用课后反思去捕捉，便会因时过境迁而烟消云散，令人遗憾不已。

（五）写学生创新

在课堂教学过程中，学生是学习的主体，学生总会有"创新的火花"在闪烁，这些难能可贵的见解是对课堂教学的补充与完善，可以拓宽教师的教学思路，提高教学水平。将其记录下来，可以成为补充今后教学的丰富材料。

（六）写再教设计

教师在反思后，考虑以后再教这些内容时应该如何做，就是再教设计。在反思后，教师可能摸索出了新的教学规律，教法上有了创新改进，知识点上有了新的拓展，组织教学能力上有了突破。教师应及时记下这些心得体会，进行归类整合，然后再写出新的教学设计，让自己的教学水平有新的飞跃。

参考文献

[1]白超超.过程教学法在高中英语写作教学中的应用研究[D].太原：山西师范大学，2022.

[2]范雪琴.浅谈高中英语课堂教学改革的趋势[J].考试周刊，2017（5）：13.

[3]古明，朱杰.英语语法教学理论与实践研究文献评述[J].考试与评价（大学英语教研版），2020（1）：106-110.

[4]韩蕾.高中英语有效课堂教学的方法研究[J].中学生英语，2021（18）：108.

[5]韩旭.基于学习活动观的高中英语教学现状及对策研究[D].延吉：延边大学，2021.

[6]黄瑶.关于国外课堂教学模式在大学英语教学中的研究[J].科技资讯，2017（30）：206.

[7]姬亚南.高中英语优质课导入活动观察研究[D].聊城：聊城大学，2021.

[8]李文蔚.高中英语教师课堂评价语言的行动研究[D].汉中：陕西理工大学，2022.

[9]李新.新课程标准下高中生英语口语交际能力与其语言学习策略的相关研究[D].呼和浩特：内蒙古师范大学，2020.

[10]梁家华,英语语法教学结合语用学在高中的应用研究[D].天津：天津师范大学，2020.

[11]刘思娟.基于语篇分析的高中英语阅读教学的行动研究[D].贵阳：贵州师范大学，2022.

[12]潘凌志.农村高中英语听说教育滞后性研究[J].中学课程辅导（教学研究），2019（11）：114.

[13]彭小容.高中生课堂英语口语交际意愿的调查研究[D].桂林：广西师范大学，2021.

[14]丘影红.以读促写法在高中英语写作教学中的应用研究[D].哈尔滨：哈尔滨师范大学，2022.

[15]邱富生.重视英语过程写作，培养英语写作素养[J].考试与评价，2020（5）：81.

[16]隋明君.新课改背景下高中英语教学中的问题与对策分析[J].中学生英语，2021（12）：62.

[17]唐燕.语法故事化在高中英语语法教学中的应用研究[D].聊城：聊城大学，2018.

[18]王惠."非常6+1"高效课堂模式在高中英语听说教学中的应用研究[D].武汉：华中师范大学，2018.

[19]韦欣辰，钟兰凤.高中英语课堂管理存在的问题和策略综述[J].海外英语，2022（6）：175-177.

[20]文成钢，邢颖.读写结合模式促进高中英语有效写作教学的实例研究[J].中学生英语，2021（44）：42.

[21]熊舒悦.高中生英语阅读素养及其培养策略研究[D].重庆：重庆三峡学院，2021.

[22]徐海琴，金武.中学英语教学的创新发展[M].延吉：延边大学出版社，2019.

[23]杨成林，赵勇.高中英语文化知识教学的原则与策略[J].黑龙江教育（教育与教学），2022（12）：84-86.

[24]游海燕.浅谈高中英语词汇教学中多元模式的应用[J].科学咨询（教育科研），2020（12）：288.

[25]张海霞.高中英语词汇教学理论与实践[M].长春：吉林大学出版社，2018.

[26]张文博.高中生英语写作语法错误分析及教学策略研究[D].大连：辽宁师范大学，2020.

[27]章玉芳.基于词汇框架的高中英语词汇教学策略[J].英语学习，2021（4）：17-21.

[28]郑鸿颖，基于复杂系统理论的思维发展：中学英语课堂对话教学策略探究[J].四川师范大学学报（社会科学版），2020（1）：108-114.

[29]周立会.对英语课堂教学的反思[J].学周刊，2018（8）：82-83.